KB131416

미리 써본

북한 여행 기획서

손안의 통일 ⑫

미리 써본
북한 여행 기획서
: 평화가 오면 어디부터 갈까요?

고재열 지음

통일부
국립통일교육원

이 책은 국립통일교육원과 열린책들이
함께 기획·제작했습니다.

손안의 통일

일러두기

- 이 책은 평화·통일 교육 참고 자료로 활용하기 위해 외부 전문가에 의해 제작된 것으로, 통일부의 공식 견해가 아님을 밝힙니다.
- 이 책의 북한 사진 자료는 평화문제연구소에서 제공받아 수록했습니다.

이 책은 실로 꿰매어 제본하는 정통적인 사철 방식으로 만들어졌습니다.
사철 방식으로 제본된 책은 오랫동안 보관해도 손상되지 않습니다.

이 책은 친환경 인증 용지에 콩기름 잉크로 인쇄했습니다.
표지 유니트 화이트 209g/m² **본문** 친환경미색지 95g/m² **면지** 뉴칼라 68 차콜색 128g/m²

〈손안의 통일〉 시리즈를 발간하며

어느덧 찬바람이 느껴지는 12월입니다. 시간은 정직하게 흘러 올해도 어김없이 북한산 자락에 겨울이 찾아왔습니다. 움츠러드는 우리들의 마음을 따뜻하게 녹여 줄 소식들이 어서 찾아오기를 기다리지만, 팬데믹은 여전히 지속되고 있습니다. 그래도 마른 풀 시든 꽃 사이에서 새싹이 움트듯 언젠가는 일상으로 돌아가리라는 희망을 간직하고 있습니다.

지금 세계는 인류사적 대전환기에 직면해 있습니다. 코로나19로 인해 그 방향성과 속도를 예측하기가 더욱 어려워졌습니다. 시시각각 소용돌이치는 불안정한 국제정세를 지켜보며, 평화·통일 교육에 몸담은 입장에서 일상의 평화에 대해 생각해 보게 됩니다.

코로나 팬데믹 이전 우리가 누리던 일상은 과연 〈진정〉 평화로운 일상이었을까요? 우리는 분단 70여 년을 살아오면서 민주주의와 경제 성장, 문화 부흥 등 많은 것을 이루었지만, 이러한 성장 동력을 지속적으로 유지하고 희망찬 미래를 건설하기 위해서는 좀 더 〈완전한 평화〉가 필요합니다.

한반도의 완전한 평화와 항구한 번영을 염원하는 마음으로 올해도 〈손안의 통일〉 시리즈를 발간합니다. 이번 〈손안의 통일〉 역시 인문학적 관점에서 평화·통일을 생각해 볼 수 있도록 생태·여행·영화 등 우리의 삶과 밀접한 주제를 선정했습니다. 이 작은 책이 여러분 삶의 자리 가까운 곳에서 끊임없이 통일에 대해 일깨우고, 평화를 염원하며 창조적 미래를 꿈꾸게 하는 길잡이가 되길 바랍니다.

평화로운 한반도에 대한 상상과 희망이 끊어지지 않고 계속해서 이어진다면, 언젠가 우리는 그 길을 따라 그곳에 도달할 수 있을 것입니다. 〈손안의 통일〉이 그 길을 밝힐 수 있는 길잡이가 되기를 바랍니다. 경험해 보지 못했던 지난 2년의 길고 단절된 차가운 시간이 언젠가 끝나리라는 희망처럼, 이 책을 읽는 독자들의 마음에 진정한 평화·통일을 향한 희망이 굳건하게 자리 잡기를 바랍니다.

감사합니다.

2021년 12월
국립통일교육원장 백준기

〈손안의 통일〉 시리즈를 발간하며

머리말
북한 여행을 상상하는, 아름다운 사치

이 책은 개마고원으로 캠핑카 5백 대를 이끌고 캠핑을 가겠다는 무모한 상상력에서 시작되었다. 캠핑카 5백 대는 정주영 전 현대그룹 명예회장의 소 떼 5백 마리 방북의 오마주였다. 캠핑카 5백 대가 휴전선을 넘어서 개마고원으로 향하는 행렬은 자연스럽게 소 떼 5백 마리를 연상시켜 남과 북이 평화의 시대로 접어들었음을 상징적으로 보여 줄 것이고, 미지의 여행지 북한을 상상하게 하자는 취지였다.

　캠핑카 5백 대 프로젝트를 제안한 이유는 북한 여행을 제로 베이스에서 상상해 보자는 의도도 있었다. 캠핑은 숙박과 교통이 제대로 갖춰져 있지 않은 북한의 제약 조건을 극복하는 여행법이다. 특별한 시설 없이 북한의 산하를 있는 그대로 즐기고, 북한의 식자재로 멋진 식사를 할 수 있다는 것을 보여 준다면 북한의 난개발을 막을 수 있다고 생각했다.

김정은 시대에 경제 제재를 극복하는 수단으로 북한은 관광 개발에 힘써 왔다. 남북이 단절된 상황에서 북한의 산하에서 춤을 추고 있는 것은 바로 자본주의였다. 외국인들의 관광 아이디어를 북한 국가관광총국에서 무분별하게 수용하고 있는 모습이었다. 이대로 두면 북한은 가장 자본주의화된 관광지가 될 수도 있겠다는 우려가 생겼다. 원산 갈마반도와 백두산 삼지연 및 양덕온천휴양소 대단위 개발에서 섣부른 개발주의를 확인할 수 있었다.

북한의 관광 개발의 문제점을 한마디로 요약하자면 〈자존감 부족〉이다. 형식적으로는 북한의 자연 자원과 인문 자원을 내세웠지만, 실질적으로는 대규모 관광 개발에 의존했다. 북한이 내세우는 부분이 자존감인지 자기 최면인지도 불분명했다. 영혼 없이 〈북한의 금수강산은 최고〉라고 내세우지만, 이에 대한 확신은 부족해 보였다. 관광 자원을 빛나게 할 소프트웨어도 턱없이 부족했다.

이때 쿠바식 해법에 주목했다. 쿠바 역시 경제 제재로 어려움을 겪는 곳이지만 관광 산업을 발전시켜 이를 극복하고 있다. 쿠바가 여행지로 사랑받는 가장 큰 이유는 바로 쿠바인들의 자존감이었다. 자신의 국가에 대해서, 자신이

누리는 문화 예술에 대해서, 그리고 그들의 삶의 태도에서 자존감이 느껴졌다. 이런 자존감이 관광객들에게 큰 매력으로 작용했다. 북한도 자존감에 바탕을 둔 관광 개발이 필요해 보였다.

북한 여행을 기획하는 일은 통일에 대해 가장 창의적으로 접근하는 방법이다. 어떤 일이든 재미있어서 하는 일은 당해 낼 수 없다. 통일이 뭔가 부담스럽고 번잡한 일이라고 생각하는 MZ 세대에게 미지의 여행지에 대한 새로운 여행법을 제안하는 것은 통일에 대한 관점을 바꿀 수 있는 일이라고 생각했다. 여행을 상상하는 것은 언제나 즐거운 일이니까.

남북 교류가 간간이 있긴 했지만, 여행지로서 북한은 아직 미지의 장소다. 대한민국 국민들이 알고 있는 북한 여행지도 금강산, 원산해수욕장, 백두산 등 몇 곳에 제한된다. 개성을 비롯한 황해도 지역은 당일 관광이 가능하고, 원산을 시작으로 함흥과 청진 그리고 나선까지 이어지는 북한의 동해안 지역에는 경포호나 영랑호 같은 바다에 인접한 호수도 많고, 또 섬도 제법 있다는 사실을 모른다.

백두대간 종주가 유행이지만, 사실 정확하게 말하자면 한 명도 종주하지 못했다. 종주를 했다는 사람들조차 모두 남측의 절반, 즉 오십두대간밖에 종주하지 않은 셈이다. 북한 쪽 백두대간을 걸어 본 사람은 뉴질랜드인 로저 셰퍼드뿐이다. 한라산이 한반도의 산 중 높이로 따져 볼 때 50위 안에도 들지 못한다는 사실을 아는 사람도 드물다. 가야 할 산은 많은데, 그 산들의 이름을 아는 사람은 거의 없다.

북한에는 가봐야 할 곳도, 해봐야 할 것도, 먹어야 할 것도 너무나 많다. 북한 여행은 다른 누구도 아닌 우리가 기획해야 할 일이다. 여행 감독으로서 의무감을 느껴 이 여행 기획서를 작성했다. 자료가 미비하고 답사가 미흡해서 많이 부족하지만, 첫걸음을 내디뎠다는 데 의미를 부여하고 싶다. 여행은 경험치의 세계다. 북한 여행을 조금이라도 경험할 수 있다면 더 나은 안내서를 쓸 수 있을 것이다. 그날을 기대해 본다.

2021년 12월

고재열

차례

5장　세상에서 가장 힙한 여행지

1장

여행 감독의 의무감으로 쓰다

1
〈북한 여행 청서〉를
써야겠다고 생각한 이유

8천 미터 이상 히말라야 고봉 14좌를 완등한 사람은 전 세계에 딱 44명이 있다. 그중 7명이 한국인이다(엄홍길, 박영석, 김재수, 한왕용, 김창호, 김미곤, 김홍빈). 한국은 세계적인 등산 강국이다. 그런데 이런 등산 강국에 북한의 산에 관한 책이 거의 없다. 가보지 못했기 때문이다. 북한 지역 백두대간에 관한 책을 낸 사람은 뉴질랜드인 로저 셰퍼드와 앤드루 더치이다(『백두대간 트레일*Baekdu Daegan Trail*』, 2011).

2008년 금강산 관광객의 피격 사망 사건 이후 북한 여행은 우리에게서 멀어졌다. 그리고 그 자리를 서양인과 중국인들이 채우고 있다. 유튜브의 북한 여행 콘텐츠는 대부분 서양인과 중국인 유커들이 제작한 것들이다. 모터사이클로 한반도를 종주한 경험도 뉴질랜드인 개러스 모건과 조앤 모건 부부가 썼다(『한반도를 달리다』, 2018).

북한 관련 여행기도 없다. 북한 방문기를 책으로 낸 사람은 많지만, 북한 여행을 개괄적으로 다룬 본격적인 여행기는 없다. 스페인의 산티아고 순례길 책만 해도 수십 권이 있고, 세계 각국의 오지 여행기도 넘쳐나는 나라에서 정작 우리 국토의 반쪽을 다룬 여행기가 없다는 것은 아이러니다. 북한 여행의 실질적인 가이드 역할을 할 수 있는 책은 통일부 국립통일교육원에서 발행한 『북한 방문 길라잡이』 정도이다.

북한 관련 여행 정보를 가장 많이 알고 있을 것 같은 사람은 북한이탈주민(이하 〈탈북민〉)이지만, 안타깝게도 그들 역시 북한 여행기를 쓸 수 없다. 두 가지 이유 때문인데, 하나는 북한은 폐쇄 사회라서 북한에 있을 때 두루 여행을 다닌 사람이 거의 없다는 것이다. 다른 하나는 그들에게 북한은 〈돌아갈 수 없는 땅〉이기 때문이다. 여행기는 기본적으로 유혹하는 책이다. 그러니 자신이 욕망할 수 없는 것에 대해 유혹하기는 어렵다.

여행 불가 시대에 더 갈 수 없는 북한 여행을 상상해 보다가 덜컥 〈북한 여행 청서(靑書)〉를 쓰고 있다. 사실, 북한에 두 번밖에 가보지 못한 나는 적임자가 아니다. 그런데 누군

가는 해야 할 일이라는 생각이 들었다. 그리고 여행 감독의 관점에서, 남한 여행자들의 시각에서 북한 여행 정보를 정리해 볼 필요가 있다고 느꼈다. 일단 시작하면 누군가 더 나은 북한 여행기를 쓸 테니 일을 벌여 보기로 했다.

북한 여행기를 쓰기 위해 자료 조사를 하다가 흥미로운 사실을 발견했다. 북한에서 3대 여행사로 꼽히는 곳 중 두 곳의 창업주가 저널리스트 출신이라는 점이었다. 고려투어는 영국인 닉 보너가 설립했는데, 그는 「어떤 나라」, 「푸른 눈의 평양 시민」, 「천리마 축구단」, 「김 동무는 하늘을 난다」 등의 북한 관련 다큐멘터리 영화를 제작했다. 높은 가격대로 전문가를 동반한 소규모 북한 여행을 알선하는 폴리티컬투어는 BBC와 『뉴욕 타임스』에서 기자로 활동했던 니컬러스 우드가 설립했다. 3대 여행사 중 나머지 한 곳은 베를린에 본부를 둔 평양트래블이다.

〈이건 내가 할 일이다!〉 기자 출신으로 1호 여행 감독을 자처하고 있는 필자가 〈북한 여행 청서〉를 쓰는 것은 숙명이라는 생각이 들었다. 지금은 기약 없는 일이지만, 코로나19가 잦아들면, 혹은 남북 관계가 다시 좋아지면 필요할 때가 올 것이라는 믿음으로 한번 숙제를 풀어 보기로 했다. 이 지난한 작업을 위해 북한 관련 여행기를 두루 살펴보았는데, 특히 박원호 기술사가 쓴 『북한의 도시를 미리 가봅니다』(2019)가 많은 참고가 되었다. 객관적인 데이터를 바탕으로 북한의 변화를 조심스럽게 예상하는 책이었기 때문이다.

북한을 여행하기 전에 책을 한 권 추천해 달라면 묻지도 따지지도 않고 뤼디거 프랑크의 『북한 여행』(2021)을 추천하겠다. 발군의 책이다. 흥미로우면서 통찰력이 있고, 회의적이면서도 희망을 품고 있다. 따라서 저자의 위트와 통찰력에 기대어 북한 사회를 유쾌하면서도 깊이 있게 들여다볼 수 있다.

동독 출신인 저자는 분단과 통일 이후를 경험했으며, 사회주의와 자본주의 양 체제를 모두 겪어 봤다. 또한 1991년 김일성종합대학에서 유학 생활을 시작한 이후 30년에 걸쳐 북한을 정기적으로 방문했다. 북한에서 직접 보고 듣고 경험한 이야기가 담긴 만큼 매우 생생하다. 게다가 기존 북한 관련 책이 주로 평양에 머물렀다면, 『북한 여행』은 개성을 넘어 중국 국경 지대의 백두산과 러시아 국경에 면한 나선 경제특구까지 톺아본다. 한편으로는 북한에 대한 훌륭한 가이드북 구실도 한다. 가져가도 되는 것과 안 되는 것, 필수적으로 관광해야 하는 지역 등 실용 정보가 담겨 있다.

여행기는 몇 개의 절망적인 문장으로 시작한다. 〈여행사 없이는 되는 일이 없다〉, 〈서방의 여행자가 자유롭게 여행 프로그램을 구성할 가능성은 없다〉, 〈특별한 소망을 가진 사람은 그 소망을 말할 수는 있지만 낙관주의는 최소한도로 제한하는 것이 좋다. 약속을 받았다 해도 현장에서 아예 이행되지 않거나 변형된 형태로 이행된다. 《경제 여행》을 왔는데 경제와 전혀 상관없는 혁명열사릉 방문에 너무 놀라지 마시라.〉

책을 읽는 동안 북한 사회에 대해 저자와 토론을 하고 있는 듯한 기분마저 든다. 저자 또한 그것을 의도했는지 〈어떤 한국인도 자기 나라를 더 잘 알기 위해 외국인이 쓴 책을 붙잡을 필요가 없어질〉 날이 오기를 기대한다고 말한다. 뜨끔하고 씁쓸하다. 그런 마음을 헤아렸는지 저자는 〈상대방에 대해 많이 알면 알수록 오해와 잘못된 기대를 피하기가 더욱 쉽다〉라고 속삭인다.

북한 여행은 끝없는 긴장의 연속이다. 약속된 일정은 결혼 전 약속처럼 딴 세상 이야기가 된다. 매일매일 일정 조율이 이루어진다. 매일 반복적인 일정을 수행한 것 같은데, 돌이켜 보면 경험의 양이 많고 되새길 때마다 복잡한 심경이 된다. 그 복잡한 마음을 저자는 이렇게 묘사했다(1백 퍼센트 동의한다).

북한 여행은 많은 점에서 절묘한 줄타기다. 설사 1주일에 지나지 않더라도, 감정적으로 매우 도발적인 경험이다. 한 걸음을 잘못 내디뎠다가는 발밑에 안전한 지반을 잃어버릴 수 있다. 두려움과 호기심, 분노와 공감, 망상증과 신뢰 사이에서 흔들린다. 많은 것을 배우지만 이해할 수 있는 것은 매우 적다. 그 나라 안에 있지만 한 번도 진짜로 거기 있지 못한다. 의도적으로 격리되고, 그런데도 저녁이면 그 모든 대화와 인상 덕분에 죽도록 고단하다. 방문객은 쾌감과 좌절감 사이에서 정서적 롤러코스터를 탄다.[1]

관광지는 개발되지만 여행지는 재발견되면서 성장한다. 북한을 단순히 관광지가 아니라 여행지로 상정하고, 우리가 무엇을 재발견하고 재해석해서 여행으로 재구성할 수 있을지 고민해 보았다. 여행을 기획하고 연출하는 여행 감독의 입장에서 북한 여행을 큐레이션(개인 취향을 분석해 적절한 정보를 추천)한다고 생각하며 조사, 선별, 배치를

[1]   뤼디거 프랑크, 『북한 여행』, 안인희 옮김, 한겨레출판, 2020, 20면

했다.

여행의 출발은 호기심이다. 여러 가지 북한 관광 관련 정보 중에서 호기심을 가질 만한 정보를 우선적으로 정리했다. 이 책의 목적은 간단하다. 책을 읽고 북한 여행을 꿈꿔보게 만드는 것이다. 과장 없이 북한 여행에 대한 호기심을 가질 수 있도록 기존의 정보를 재정리했다. 그래야 우리가 북한에서 도모할 수 있는 여행이 무엇인지를 알고, 우리가 펼쳐 볼 수 있는 상상력이 어디까지인지를 가늠할 수 있을 테니까.

2
북한에서 경험하게 될 환대의 언어

〈환대받는 느낌〉, 당신이 북한에 가게 되면 기대할 수 있는 마음 상태이다. 그것이 진심이 아닐 수도 있겠지만, 북한 사람들은 멀리서 온 손님에게 확실한 환대를 보여 준다. 남북 관계가 어떤 상황이든 당신이 북한에 있는 동안 환대받는 느낌은 계속 유지될 것이다.

『시-유 어게인 in 평양』을 쓴 미국 작가 트레비스 제퍼슨은 〈조선민주주의인민공화국 국영 언론이 보통 미국을 향해 내비치는 적대감을 내게 드러낸 북한 사람은 여행하면서 단 한 명도 만나지 못했다〉고 밝힌다. 그가 보기에 〈북한 사람들은 외국인 관광객들이 환대받는다고 느끼기를 원할 뿐만 아니라 무한한 자부심을 느끼는 자신들의 국가에 좋은 인상을 받기를 원하고 있다〉.

북한에서의 식사, 특히 북측 관계자들과 함께한 식사는

늘 거했다. 북한의 〈밥 자리의 탈을 쓴 술자리〉는 공자와 맹자에서 시작해 노자와 장자로 끝이 난다. 대략 3부로 구성되는데, 1부는 의선이다. 남측과 북측이 서열대로 환영사와 답사를 주거니 받거니 하면서 〈공자 왈 맹자 왈〉 건배사를 읊는다. 2부는 식사다. 애피타이저와 전식, 주식 그리고 디저트 순서로 나오는데, 절대 다 먹지 못할 만큼 푸짐하게 내준다. 3부는 여흥의 시간이다. 가라오케를 켜고 접대원 동무가 선창을 하면서 여흥을 돋운다. 그는 매의 눈으로 다음 노래를 할 만한 사람을 불러내어 분위기를 이어 가게 만든다. 중간중간 북측 프로가 끼어들며 분위기를 돋운다. 여기서부터는 거의 세월아 네월아 노자와 장자다. 밥 자리의 탈을 쓴 술자리는 그래서 길어진다. 호텔이나 주요 관광지 근처의 대규모 식사는 대부분 이런 식으로 진행된다.

〈찌웁시다〉와 〈쭉냅시다〉는 6·15 공동선언실천 남측위원회 언론 본부 대표단의 일원으로 2008년 10월 평양을 방문했을 때 북한 언론인들에게 배운 건배사이다. 〈찌웁시다〉는 술잔을 가볍게 부딪친다는 뜻이고, 〈쭉냅시다〉는 〈무슨 일의 끝을 본다〉는 의미다. 이 말을 배우고 나서 건배할 때마다 〈남과 북이 찌웁시다〉와 〈통일의 길을 쭉냅시다〉를 외쳤다.

더 정확히 살펴보면, 〈찌읍시다〉라는 말은 북한말 〈찔다〉가 변형된 것으로, 〈축배를 들 때 잔과 잔을 서로 마주 가져다 가볍게 부딪치다〉라는 뜻이다. 잔을 부딪칠 때 〈쭉냅시다〉라는 말을 쓰는 것은 〈술잔을 비우자〉는 의미로 해석할 수 있다. 영어와 우리말을 섞은 괴상한 건배사에 이골이 나 있던 남측 언론인들은 〈찌읍시다〉와 〈쭉냅시다〉에 열광했다. 이 말을 할 수 있는 기회가 생길 때마다 〈건배〉나 〈원샷〉 대신 쓰며 즐거워했다.

술 외에 북한에서 접하게 되는 또 다른 환대의 언어는 춤이다. 밥 자리가 술자리를 거쳐 춤 자리로 이어지는 경우가 흔하다. 술자리를 춤 자리로 변환시키는 주역은 접대원 동무들이다. 노래 후렴구에 맞추어 흥겹게 어깨춤을 추다가 좌중에서 흥돌이, 흥순이를 끌어낸다. 그렇게 한참 군무를 추게 된다. 북한에서는 이렇게 손님의 기분을 좋게 하기 위해서 온몸을 던져 춤을 추는 모습을 자주 볼 수 있다.

북한에서는 군중 무용이 흔한데, 차려입고 춤을 춘다는 것이 특징이다. 평양에서 을밀대에 올라갈 때 보니, 평상복을 입은 북한 노인들이 잔디밭에서 춤을 추고 있었다. 우리와 함께 있던 북한 간부가 그들에게 가서 뭔가를 지적했는데, 내려올 때 보니 곱게 한복을 입고 춤을 추고 있었다.

환대의 또 다른 언어는 남다른 입담이다. 북측 관계자들은 의전할 때 영혼 없이 듣기 좋은 말만 하지 않는다. 남다른 입담으로 순간순간 정신이 번쩍 들게 한다. 장담하건대 당신이 북한에 있는 며칠 동안, 혹은 당일치기 관광이라도 입담이 좋은 누군가를 만나게 될 것이다.

북한 사람들의 유머는 시원시원하다. 뤼디거 프랑크의 『북한 여행』은 〈저 뒤에 저 건물 보이죠? 저게 뭔지 아시나요? 저건 우리의 《미사일 발사대》랍니다〉라며 105층 높이의 류경호텔 건물을 소재로 농담하는 북한 여성 안내원의 이야기로 시작한다. 조심스러운 것은 우리다. 그들은 거침이 없다.

2008년 개성 관광을 갔을 때, 간식을 파는 매점 점원에게 슬쩍 농을 건 적이 있다. 물론 패자는 나였다. 본전도 못 찾았다. 대화는 대략 이런 식으로 진행되었다.

「여기 매대에 쿠키 중 무엇이 맛있습니까?」

「오른쪽이 맛있습니다.」

「정말 그게 더 맛있어요? 어떻게 알아요?」

「보십시오, 뭐가 많이 나갔나.」

환대의 마지막 언어는 눈치다. 북한 사람들은 눈치가 빠르다. 티 내지 않고 슬쩍 배려한다. 2008년 평양에 갔을 때, 현지의 원칙 중 하나는 이동 중에는 사진을 찍으면 안 된다는 것이었다. 그런데 일행이 대부분 기자들이라 말을 잘 듣지 않았다. 단체 버스로 이동 중에도 쉴 새 없이 사진을 찍어 댔고, 우리를 안내하는 북측 관계자는 또 쉴 새 없이 막아 댔다. 그런데 아무리 막아도 소용없다는 것을 확인한 그 관계자는 우리가 셔터를 눌러 대기 시작하면 슬그머니 자는 척했다.

북한을 방문했을 때 가장 감동적이었던 눈치는 뜨거운 물수건이었다. 그날따라 감기 기운이 좀 있었다. 저녁 식사를 위해 양각도호텔 식당에 갔는데, 접대원이 차가운 물수건을 나눠 주었다. 감기 기운으로 몸을 움츠리는 내 모습을 본 그는 물수건을 걷어 갔다. 그러더니 조금 있다가 뜨거운 물수건을 가져다주었다. 호텔 식당을 몇 번 이용해서 얼굴이 낯익은 접대원이었는데, 그 순간 울컥했다.

사실 사회주의 국가에서는 이런 배려를 기대하기 힘들다. 자본주의화가 어느 정도 진행되어야 가능한 일이다. 고객의 상태를 섬세하게 관찰하는 이런 배려는 서구의 특급 호텔에서도 기대하기 힘들다. 같은 동포이기 때문에 가능한 배려일 텐데, 남과 북이 이런 마음으로 서로를 대한다면 안 될 일이 없을 것이다.

　북한에서 경험할 수 있는 이런 환대의 언어는 남북 관계 개선의 계기가 될 수 있을 것이다. 특히 젊은 세대는 통일에 대한 거부감이 큰데, 북한 여행을 통해 북한 사람들과 직접 접촉해서 이런 환대를 경험한다면 통일에 대한 태도도 바뀔 것이다.

3
북한 여행은 어떻게 가능한가

북한 여행은 못 해서 안 하는 것일까? 안 해서 못 하는 것일까? 이론적으로는 후자에 가깝다. 대북 경제 제재가 가해지고 있지만 여행은 예외다. 우리 정부 역시 북한 여행을 막고 있지 않고, 구체적인 방식도 제시한 상태다. 물론 이것은 이론적인 얘기다. 코로나19 창궐과 별개로 북미 관계와 남북 관계가 경색되면서 북한 여행은 다시 수면 아래로 잠긴 이슈가 되었다.

2020년 1월 통일부가 밝힌 북한 여행 관련 「개별 관광 참고 자료」를 보면 〈이산가족 또는 사회단체의 금강산·개성 방문〉, 〈한국민의 제3국을 통한 북한 지역 방문〉, 〈외국인의 남북 연계 관광〉 등 세 가지 형태의 개별 관광이 검토되었다. 이 중 〈제3국을 통한〉 개별 관광이 일반인의 북한 여행에 해당하는 형식인데, 통일부는 〈우리 국민이 제3국의 여행사를 이용해 평양, 양덕, 원산·갈마, 삼지연 등 북한 지역을 관광 목적으로 방문하는 것〉이라고 구체적인 형태를 들어 설명했다.

통일부는 〈기존 사업체를 통한 단체 관광 방식이 아닌 비영리 단체 또는 제3국의 여행사 등을 통해서 개별적으로 북측 초청 의사를 확인한 후 승인을 받아 방북하는 것〉을 논의 중이라고 했다. 통일부는 구체적인 예를 들었는데, 〈중국 여행사가 남한 주민만을 대상으로 한 패키지 상품을 만들어 50명, 100명 정도 사람을 모아서 우리 정부에 보내면 출국 금지 대상자 등을 체크해 방북을 승인하고, 해당 여행사가 다시 북한에 가서 비자를 받아 들어가는 형태가 지금으로서는 가장 현실적인 방안이다〉라고 설명했다.

관건은 북한의 비자인데, 통일부는 이에 대해 〈북한 당국이 발급하는 입국 보증서〉라며, 〈남북교류협력법〉에 명시된 〈북측의 초청 의사를 확인할 수 있는 서류〉로 간주할 수 있다고 했다. 여기에 남한 관광객의 신변 안전 보장을 확인하는 북한의 합의서나 계약서, 특약 등이 체결된 경우에만 방북 승인을 검토할 것이라고 했다. 복잡한 이야기를 간단히 표현하면, 제3국 여행사를 통해 북한 비자와 신변 안전 보장을 받으면 방북을 허락하겠다는 것이다.

자, 이제 제3국에 있는 여행사를 찾을 차례다. 북한 여행 패키지는 대략 이런 구조로 만들어질 예정이다. 한국인이 제3국에 있는 북한 전문 여행사에 예약을 하면, 그 여행사는 북한의 여행사에 연락해 가능한 여행을 타진하고 비자를 받는다. 만약 평양 외 지방을 가게 되면 해당 지역을 관장하는 여행사와 협력해 일정을 진행한다.

제3국의 북한 전문 여행사로는 베이징의 고려투어, 런던의 폴리티컬투어, 베를린의 평양트래블 등을 꼽을 수 있다. 이들과 협력해 북한 여행을 진행할 북한의 국영 여행사로는 조선국제려행사, 조선국제스포츠여행사, 조선국제청년여행사, 조선국제태권도여행사, 평양고려여행사 등이 있다. 지방 여행은 묘향산여행사, 라선국제여행사, 칠보산여행사 등이 관장하게 된다.

앞에서 소개했듯이 고려투어는 1993년 영국인 닉 보너가 조슈아 그린과 함께 설립한 여행사로 베이징에 본부를 두고 있다. 닉 보너는 북한 관련 다큐멘터리 영화 제작자이기도 하다. 폴리티컬투어는 기자로 활동했던 니컬러스 우드가 설립했다. 주로 높은 가격대의 전문가 동반 소규모 여행을 알선한다. 평양트래블은 베를린에 본부를 둔 여행사이다. 독어권에는 북한 여행을 알선하는 여행사가 20여 개

있는데, 그중에서 가장 잘 알려진 곳이다.

외국인이 북한에 입국하는 방법은 크게 세 가지다. 첫 번째는 항공편으로, 베이징과 선양과 상하이에서 평양행 항공편을 이용할 수 있다(북한의 고려항공과 중국 항공사 등). 다음은 기차 편으로, 베이징에서 평양으로 가는 방식이다. 단둥시와 신의주 사이의 철교를 통해서 건넌 다음, 경의선으로 평양까지 갈 수 있다. 마지막은 걸어서 들어가는 법이다. 중국 투먼시에서 도보로 국경을 넘어 북한의 남양으로 들어갈 수 있다. 이 중 항공편으로 들어가는 방식이 가장 현실적이다.

북한을 여행할 때는 미리 알아야 하는 것들이 있다. 먼저 북한에 반입이 되지 않는 물품에 대해서 알아야 한다. 200밀리미터 이상의 줌 렌즈가 달린 카메라, 전문가용 GPS와 내비게이션은 〈원칙적으로〉 가지고 들어갈 수 없다. 종교 관련 자료, 음란물, 남한의 대중문화 콘텐츠는 〈진짜〉 가지고 들어갈 수 없다. 핸드폰은 원래 공항에서 수거했다가 출국 때 돌려주었는데, 2013년부터 허용하고 있다. 북한에서 사용하려면 현지에서 유심 카드를 구입해 바꿔 끼워야 한다. 환전은 굳이 할 필요가 없다. 유로, 달러, 인민폐를 두루 사용할 수 있기 때문이다.

4
북한 여행의 재구성,
〈대동 여행 지도〉를 그리다

〈북한 여행 청서〉를 쓰면서 필자는 먼저 북한 관광 인프라를 살펴보고, 현재 어떤 식으로 활용되는지를 파악한 다음, 이를 재구성하는 데 주안점을 두었다. 지난 10년간 북한 여행 방식은 눈에 띄게 바뀌었다. 김정은 정권이 관광 산업에 집중한 뒤 중국 유커들이 대거 방문하고, 서구의 여행 전문가들이 결합하면서 다양한 여행이 등장했다. 북한 여행을 재구성하기 위해 일단 북한 관광 권역을 재편성해 보았다.

남한 사람들에게 북한에서 가보고 싶은 곳을 꼽으라고 하면 금강산, 백두산 등 두세 곳밖에 말하지 못한다. 물론 북한의 관광 인프라가 이곳에 집중되어 있는 것은 사실이다. 하지만 이곳 말고도 북한에는 좋은 여행지가 많다. 실제로 평양의 연광정, 자강도 강계의 인풍루, 만포의 세검정, 평안북도 영변의 약산동대, 의주의 통군정, 선천의 동림폭포, 평안남도 안주의 백상루, 성천의 강선루는 조선 시대 〈관서 8경〉으로 꼽히던 곳으로, 남북 교류가 재개되면 꼭 가보고 싶다(〈관동 8경〉은 강원도를 중심으로 동해의 명승지를 꼽은 것이라서 대부분 남한에 있다. 다만 강원도 통천의 총석정, 고성의 삼일포는 북한에 속하는 명소이다).

특히 북한에는 현대 남한 사람들의 취향에 맞을 만한 곳이 적지 않다. 여행의 취향을 큐레이션하는 여행 감독의 역할로 북한 여행지를 조사하고 선택해서 재배치해 보았다. 남한 여행자의 취향을 반영해서 8개의 권역으로 분류해 〈신북녘 8경〉을 선정했다. 2박 3일 〈명품 한국 스테이〉와 혹은 3박 4일 〈명품 한국 기행〉을 기획하고 있는데, 동일한 원칙을 북한 여행지에도 적용해 보았다. 하루 이틀 휴가를 더 내서 주말에 다녀올 수 있는 북한 여행 꾸러미도 만들어 보았다.

현실적인 여행 방식을 감안했다. 숙박과 교통 등 관광 인프라가 좋지 않은 북한은 최근 몇 년 동안 중국인 당일 관광 상품을 주로 개발했다. 비슷한 방식을 개성 등 황해남도와 황해북도에 적용할 수 있을 것이다. 황해남도에는 구월산 등 명산이 많으므로, 남한 수도권 사람들을 위한 당일 등산 여행을 만들 수 있을 것이다. 숙소가 필요 없는 여행을 만들면 대규모 북한 관광이 가능할 것이다.

백두산과 칠보산은 항공 이동을 감안해야 하는 곳이다. 육로로 이동할 경우 거리도 멀고 도로 사정도 좋지 않아서 시간이 많이 걸리기 때문이다. 그러므로 백두산 관광은 삼지연 비행장이, 칠보산과 청진 관광은 어랑 비행장이 활용된다. 신의주에서 남포까지 경의선 주변의 평안도 지역을 하나로 묶었다. 이곳은 기차를 활용한 여행이 가능하다.

이렇게 해서 서부 지방은 경의선 권역(신의주, 묘향산, 남포)과 평양 권역 그리고 개성 권역(구월산, 사리원)으로, 동해에 인접한 동부 지방은 칠보산 권역(청진시, 나진시), 원산 권역(함흥시), 금강산 권역으로, 중부 지방은 백두산 권역과 개마고원 권역으로(백두산은 개마고원에 속해 있지 않다) 나누었다. 각 권역 주요 콘셉트는 다음과 같다.

1. 평양 권역

평양의 최대 관광 상품이 〈사회주의〉라는 관점에서 접근해보았다. 사열하는 인민군 모습을 영상으로 보았던 김일성광장이나 주체탑은 복잡한 감정을 느끼게 한다. 우리가 생각했던 평양과 다른 모습의 평양을 보는 것은 또 하나의 관광 포인트이다. 북한식 개혁·개방이 반영된 모습을 볼 수

신북녁 8경

백두산 권역

개아고원 권역

칠보산 권역

평안도 권역

원산 권역

평양 권역

금강산 권역

개성 권역

있다. 송화온천휴양소 등 평양 근교 관광지도 두루 살펴보았다.

2. 개성 권역

금강산 관광과 함께 개성 관광은 이미 진행된 적이 있다. 지리적으로 남한의 수도권과 가까워 유리하다는 장점을 살려 데이 투어(당일 관광) 위주로 고민해 보았다. 구월산, 장수산, 수암산, 경암산 등 경관이 수려한 1천 미터 이내의 산이 많다. 당일 등산이 가능한 산들을 두루 알아보았다.

3. 평안도 권역

평안도 권역은 서울에서 신의주까지 기차 관광을 염두에 두고 고민해 보았다. 중국 관광객의 관문이었던 신의주시, 북한의 6대 명산으로 꼽히는 묘향산, 고구려 벽화의 도시 남포 등이 관광하기 좋은 곳으로 꼽힌다. 그중 남포는 물이 좋기로 소문난 곳으로, 남한에 삼다수가 있다면 북한에는 강서약수가 있다.

4. 원산 권역

원산은 대표적인 바다 관광지다. 일제 강점기 때도 가장 먼저 해수욕장이 생긴 곳 중 하나이다. 송도원과 명사십리가 유명한데, 동해에서는 드물게 원산만 입구에는 섬도 있다. 원산 권역에는 함흥시도 포함된다. 인구 규모로 따지면 평양과 남포 다음으로 함흥시가 북한 제3의 도시다. 〈바람 찬 흥남 부두〉가 바로 이 함흥에 속한다.

5. 금강산 권역

자타가 공인하는 최고 여행지다. 내금강, 외금강, 해금강으로 나뉘는 금강산은 현대아산에서 단계적으로 관광 인프라를 구축했다. 금강산 관광이 중단되고 방치되어 시설 노화가 우려되지만, 남북 교류가 재개되면 가장 활발하게 왕래할 것으로 예상된다.

6. 칠보산 권역

빼어난 경관을 자랑하는 곳으로 금강산과 마찬가지로 내칠보, 외칠보, 해칠보 구역으로 나뉜다. 인근에 청진시가 있어 자연 관광과 인문 관광을 함께 할 수 있는 곳이다. 근처 경성은 자연보호구역으로 설정될 만큼 원시림을 보존하고 있다(경성 지역의 온천도 유명하다). 청진시와 가까운 나진시는 경제개발구역이라 숙박 자원이 좋은 편이다. 나

(위) 개성시 전경
(아래) 백두산 만물상

진시 주변 해변에서는 물범 관광도 할 수 있다.

7. 백두산 권역

금강산과 마찬가지로 북한을 대표하는 여행지다. 북한 노동당 간부 연수는 주로 백두산에서 이루어진다. 화산 지역은 보통 온천이 발달하는데, 백두산도 예외가 아니다. 백두산의 중국 쪽 구역에는 많은 온천이 산재해 있어 중국 동북지방의 온천 관광 명소로 꼽힌다. 북한 쪽 구역에도 온천이 개발되고 있다. 〈백두산기후온천휴양소〉가 대표적이다.

8. 개마고원 권역

남한 사람들은 일반적으로 백두산이 개마고원에 있다고 착각하는데, 둘은 별개다. 개마고원은 양강도(량강도)의 남서부와 함경남도의 북서부, 자강도의 동부 지역에 걸쳐 있는 고원이다. 북수백산, 차일봉, 연화산 등 백두산을 제외한 고산이 대부분 이곳에 있다. 문재인 대통령이 가장 가보고 싶은 곳으로 꼽는 지역으로, 여름철에도 평균 기온이 20도 안팎이라 새로운 피서지로 각광받을 듯하다.

2장

죽기 전에 가봐야 할 여행지

1
북한에서 에어비앤비로
숙소 예약이 가능할까

김정은 정권 수립 이후 외국 관광객에 대한 문호를 적극 개방하면서 북한의 관광 환경이 빠르게 변화하고 있는데, 그 중 가장 극적으로 변하고 있는 것이 바로 숙소다. 원산갈마지구와 삼지연시에 대규모 숙박 인프라 공사가 이루어지고 있는 것을 비롯해 다양한 방식의 숙박 모델이 구현되고 있다. 열 가지의 질문으로 이 변화를 살펴보았다.

1. 북한의 숙박 인프라는 어느 정도인가?

일단 통일부 〈북한정보포털〉 사이트에 올라와 있는 호텔 정보는 다음 [표]와 같다. 평양직할시와 원산시에 집중되어 있는데, 김정은 집권기에 대대적으로 이루어진 호텔 건축이 반영되지 않은 자료라서 한계가 있다.

평양	고려호텔, 보통강호텔, 청년호텔, 서산호텔, 유경호텔, 양강호텔, 양각도호텔, 창광산호텔, 평양호텔, 대동강호텔, 모란봉호텔, 해방산호텔
개성	자남산호텔
함흥	신흥산호텔, 마전호텔
원산	송도원호텔, 동명산여관, 송도원여관, 갈마호텔, 새날호텔, 마식령스키장호텔
금강산	금강산호텔
백두산	혜산호텔, 베개봉호텔
묘향산	향산호텔, 청병호텔, 청천호텔

[표] 북한 주요 관광지의 호텔 목록

2. 김정은 위원장의 개인 별장을 이용할 수 있을까?

김정은 위원장은 〈관광에 진심〉인 남자이다. 아니, 진심일 수밖에 없다. 원산갈마지구와 삼지연시에 엄청난 투자를 했기 때문이다. 여기서 성과를 내지 못하면 그의 리더십도 흔들리게 된다.

그래서 상상해 보았다. 북한 관광 활성화를 위한 마중물로 개인 별장을 내놓을 수도 있지 않을까? 맨 먼저 떠오르는 곳은 바로 원산의 송도원휴양소이다. 2013년 김정은 위원장의 초대를 받고 두 번에 걸쳐 북한에 다녀온 농구 스타

데니스 로드먼이 방문 후 인터뷰에서 김 위원장의 개인 별장 모습을 이렇게 묘사했다.

섬의 분위기는 하와이나 스페인의 이비자섬과 비슷하지만, 다른 게 있다면 주민이 김정은 한 명뿐이라는 점이다. 김정은 제1비서는 하루 종일 시가를 피우고 칵테일을 마시면서 웃는 사람들에 둘러싸여 있는 것을 좋아했다. 60미터 길이의 최고급 요트와 수십 대의 제트스키, 말 등 부족한 것 없이 생활하고 있었다. 누구나 직접 보면 김정은 위원장이 버락 오바마 미국 대통령보다 대단하다는 생각이 들 것이다.

여기서 주목할 것은 〈섬〉이라는 표현이다. 송도원휴양소는 섬에 있지 않다. 많은 북한 전문가들이 이 섬을 찾았다. 이 섬은 원산에서 직선거리로 50킬로미터 정도 떨어진 통천항 앞바다의 천도와 동덕도로 추정된다(세 섬이 나란히 있는데, 한 섬은 이름이 나오지 않는다). 김정일 위원장 집권 말기에서 김정은 위원장 집권 초기에 조성된 것으로 보이는 이 시설을 관광객들에게 개방한다면 큰 호응을 얻을 수 있을 것이다.

3. 쿠바식 카사Casa와 같은 대체 숙소가 가능할까?

고려투어는 외국인들이 운영하는 여행사이다. 여기에서 흥미로운 공지가 올라왔다. 칠보산에 민박촌Home-stay Village 이 구축되었다는 것이다. 20여 가구가 사는 작은 어촌 마을 보촌리에서 민박을 할 수 있으며, 〈외국인에게 개방된 전국에서 두 곳뿐인 마을 중 하나〉라서 주민들과 대화하고 촬영하는 것이 자유롭다고 광고한다. 보촌리는 일반 어촌 마을과는 거리가 멀어 보인다. TV, 냉장고, 오디오 등 가전제품이 완비되어 있고, 전기가 나갈 경우 주민들이 변전소에 연락하면 즉시 시정해 준다고 한다. 〈관광객 퍼스트first〉로 운영되는 것 같은데, 코로나19가 발발하지 않았다면 다른 지역으로도 확산될 수 있었을 텐데 아쉽다.

4. 평양에서 에어비앤비로 숙소를 구할 수 있을까?

일부 언론에서 코로나19 발발 이전 중국 관광객이 평양에 몰렸을 때 호텔 객실이 동나서 에어비앤비(Airbnb, 전 세계 숙박 공유 서비스)로 숙소를 구하기도 했다는 내용을 보도한 적이 있었다(현재 에어비앤비에서 평양 숙소는 검색되지 않는다). 현재 북한 관광 프로그램 개발을 주도하고 있는 그룹이 북한에서 외신 기자로 주재했거나 북한 관련 다큐멘터리를 제작한 서구인들이라는 것을 감안할 때, 에어비앤비로 예약 가능한 숙소는 충분히 상상할 수 있다. 그렇다면 에어비앤비로 예약할 만한 숙소가 평양에 있을까? 탈북민 출신인 『동아일보』의 주성하 기자가 언급했던 〈창광숙소〉가 떠올랐다. 그는 그곳을 이렇게 묘사했다.

제가 주말에 친구들과 단골로 가는 곳은 고려호텔 길 건너에 있는 〈창광숙소〉라는 곳이죠. 점심때쯤 세 명 정도 가면 1,000유로 정도로 새벽까지 빛낼 수(즐길 수) 있죠. 여기가 좋은 건 먹고 마시고 자는 것까지 한꺼번에 가능하다는 거예요. 지상 2층과 반지하 주차장이 있는 이곳은 째끼(조총련 북송자인 재일 귀국 동포의 줄임말 〈재귀〉가 변형된 말)가 운영하는 곳인데, 원래는 외국인 전용이죠. 1층에 사우나와 안마를 받는 곳 그리고 바bar 가 있어요.[2]

5. 요즘 북한에서 온천이 활발하게 개발되고 있다는데?

백두산기후온천휴양소를 비롯해 화산대가 두루 걸쳐 있는

---

2   주성하, 「〈제재할 테면 하라〉는 北… 평양 상위 1% 부자가 증언한 호화생활」, 『동아일보』, 2017년 7월 22일

북한은 온천이 많은 편이다. 그중 주목할 만한 곳은 양덕온천과 송화온천휴양소, 경덕온천 등이다. 양덕온천에는 마식령스키장보다 규모가 큰 스키장을 건설 중인 것으로 알려져 있다.

6. 백두산에 가면 잠은 어디서 자나?

지금까지는 백두산 관광을 할 경우 대부분 베개봉호텔을 이용했는데, 최근에 550실 규모의 삼지연호텔이 건축되었다. 삼지연군은 최근 삼지연시로 승격되었는데, 원산갈마지구와 함께 김정은 위원장이 공을 들이고 있는 관광특구이다. 다양한 시설을 짓고 있는 데다 백두산기후온천휴양소도 있기 때문에 숙박 인프라가 좋은 편이다.

7. 마식령스키장이 뜬다는데?

칠보산이 청진시와 짝을 이루듯 마식령은 원산시와 짝을 이룬다. 마식령에서 원산시까지는 20킬로미터 정도의 거리라 원산시 숙소를 이용할 수도 있지만, 스키장이 건립되면서 호텔도 함께 건축되었다. 두 동으로 건설되었는데, 시설이 좋아서 원산과 금강산 관광을 오는 사람들도 여기서 묵는 경우가 많다. 객실에 목재를 많이 사용해 산장 느낌이 난다.

8. 북한에서 캠핑을 한다면?

코카서스산맥의 중심인 카즈베기산은 프로메테우스가 독수리에게 간을 쪼였다는 전설의 배경이 되는 산이다. 이 산의 중턱에는 케이블카 탑승장으로 쓰이던 콘크리트 시설물의 잔해가 흉물스럽게 방치되고 있다. 이곳에 있는 〈게르게티 삼위일체 교회〉는 조지아의 상징적인 교회로, 이곳 관광을 위해 케이블카를 설치했다가 카즈베기산의 풍광을 망친다는 비난을 듣고 철거되었다.

북한에서도 충분히 벌어질 수 있는 난개발 모형이다. 북한의 관광 자원 개발은 철저하게 콘크리트에 의존하고 있다. 북한 여행이 활발해지면 북한의 자연 파괴가 더 가속화될 수도 있다. 이런 부분을 감안해서 캠핑장을 조성해 운영한다면 자연 파괴를 최소화할 수 있을 것이다. 캠핑카 등 차박(車泊)을 유도하면 숙소와 교통을 동시에 해결할 수 있어 북한 여행이 유연해질 것이다.

북한 명승지 중에서 단체 숙박이 가능한 야영소를 갖춘 곳이 있다. 원산의 송도원야영소가 대표적이다. 최근에 문천야영소도 조성되었는데, 문천이 대표적인 탄광 오염 지역이어서 의문을 제기하는 사람도 있다.

9. 실버 호텔로는 어디가 좋을까?

실향민에게 더욱 그렇겠지만, 북한은 떠오르는 실버 여행
지다. 그렇다면 고령층 여행자들에게 어떤 곳이 좋을까?
강서요양소가 맨 먼저 떠오른다. 남한에 〈초정리 광천수〉
가 있다면, 북한에는 〈강서약수〉가 있다. 강서대묘가 있는
평안남도 남포시 강서구역 약수리에서 나는데, 생수병 라
벨에 위장병에 좋고 간 기능을 강화해 준다는 설명이 있다.
강서요양소에서는 이 약수를 활용해 소화기 계통의 질병
을 앓는 환자를 치료해 준다. 후쿠시마 지진 때 지층이 흔
들리면서 수원이 막혔지만, 새로 수원을 찾아내 생산량을
크게 늘린 것으로 알려졌다.

10. 영변 핵 시설을 관광지로 바꿀 수 있을까?

영변 핵 시설을 관광지로 바꾼다? 황당하지만 진지하게 논
의되었던 기획이다. 통일연구원 홍민 선임연구위원은 미
국과 영국, 독일, 오스트리아 등 해외에서 실현한 핵 시설
폐기 후 시설 활용 사례를 들어 이를 제안했다. 〈맨해튼 프
로젝트〉가 진행되었던 미국의 〈B 리액터〉, 북한 영변 원자

로가 모델로 삼았던 영국의 〈칼더 홀〉, 갤러리로 바뀐 스웨덴의 〈R1 리액터〉, 카지노와 호텔로 변신한 미국 몬트빌에 있는 핵 시설을 전범(典範)으로 삼을 수 있다는 것이다.

그는 〈핵 시설은 천연가스 발전소, 과학 기술 센터, 생태 공원 등으로 변신에 성공한 바 있다〉면서 〈영변 핵 시설을 단순히 폐기하는 것이 아니라 역사적 형태로 계속 보존하거나, 역사적인 기록으로 남겨서 경제 발전까지 도모할 수 있다〉고 말했다. 영변은 묘향산과 청천강에 인접한 곳이니 숙박 시설로 개발해도 괜찮을 듯하다.

2
100세 시대를 겨냥한 북한 온천 개발

온천은 대체로 과거 화산 활동이 있었던 곳이나 지진 활동이 있었던 〈불의 고리〉에서 주로 발견된다. 지각판의 충돌로 생겨난 균열을 따라 마그마 덩어리가 올라오는데, 여기에서 화산 지진 온천이 고루 발생한다. 대체로 현무암 지대에 온천이 많은데, 화강암도 온천과 관련이 있다. 마그마가 지표면에서 빠르게 식은 것이 현무암이고, 지하 깊은 곳에서 천천히 식은 것이 화강암이다.

이런 온천의 일반적인 특징으로 볼 때 한반도에서는 북한 쪽이 온천 개발에 더 유리한 조건을 갖추고 있다. 김정은 위원장도 최근 온천 개발에 적극적으로 나서고 있다. 대체로 북한의 온천지구는 유명한 풍경구 근처에 있어 산업적으로 연계하기 유리하다. 여행자의 여독을 풀어 주는 데는 온천만 한 것이 없다. 특히 북한은 남한보다 날씨가 선선한 편이어서 온천이 더 잘 어울린다.

온천 마니아들은 〈천탕천색(千湯千色)〉이라 생각하기 때문에 안 가본 온천은 되도록 가서 경험해 보려고 한다. 물마다 느낌이 다르고 색깔이 다르다고 생각하며, 이를 경험하고 구별해야 직성이 풀린다. 남북 교류가 활발해지면 적극적으로 북한의 온천 지대를 찾아 나설 것이다. 요즘 실버산업이 각광받고 있는데, 온천 여행은 실버 여행 아이템으로도 경쟁력이 있다. 소득이 높은 선진국일수록 건강 관리에 온천을 적극적으로 활용하며, 온천수를 활용한 제품도 적극적으로 개발하고 있다.

하지만 북한의 경우 온천 정보가 잘 정리되어 있지 않다. 또 알려진 정보를 보면 유명 온천 요양소는 대규모 시설의 유흥지로 개발되고 있음을 볼 수 있다(이런 면에서는 남북한이 서로 비슷하다). 좋은 풍경구에 있는 북한 온천을 일본의 고급 온천 휴양지처럼 개발하거나, 유럽의 온천 전문 건축가를 동원해 격조 높은 온천을 만드는 것을 시도해 볼 필요가 있다.

통일부 자료에 따르면 북한에는 약 36개의 온천지구가 개발되었다. 이들 온천의 원수(原水) 중에서 물의 온도가 섭씨 50도(이하 온도 기준 섭씨) 이상 되는 열탕이 60개소 정도 된다. 온천수의 주성분으로는 규소, 라듐, 유황 등이다. 북한에서 이름난 온천 휴양지는 최근 급부상하고 있는 양덕온천휴양소(평안남도)를 비롯해 백두산기후온천휴양소(양강도), 송화온천휴양소(황해남도), 경성온천(함경북도), 용강온천(평안남도), 석탕온천(평안남도), 옹진온천(황해남도) 등을 꼽을 수 있다.

온천마다 특색이 있는데, 온천수 온도는 옹진온천이 102도로 가장 높고, 온천수의 양은 석탕온천이 하루 5천 세제곱미터로 가장 많은 것으로 알려져 있다. 북한 온천 중 가장 주목할 만한 곳은 양덕온천휴양소이다. 북한이 양덕온천휴양소를 수식할 때 쓰는 표현은 〈당이 인민에게 안겨주는 선물〉이다. 양덕온천휴양소는 50만 평 규모의 대지에 2018년 말 공사를 시작해서 1년 만인 2019년 말에 완공되었다.

양덕온천휴양소 개발은 정치적인 목적도 있는데, 바로 남한이 주도했던 금강산 관광의 대안적 성격을 갖는다는 것이다. 김정은 위원장은 금강산에서 〈보기만 해도 기분 나빠지는 너절한 남측 시설들을 남측 관계 기관과 합의하에 들어내라〉고 지시했는데, 이때 양덕온천을 방문해 건설 중인 노동자들을 독려하기도 했다.

당이 인민에게
안겨 주는 선물
양덕온천휴양소

양덕온천휴양소는 단순한 온천 요양소를 넘어서 종합 휴양지로 거듭나고 있다. 규모나 외관의 디자인은 외국의 고급 휴양지를 방불케 한다. 승마장을 만들고, 마식령스키장보다 규모가 큰 스키장을 건설 중인 것으로 알려져 있다. 2020년 영업을 시작했다가 코로나19 발발로 잠시 문을 닫았다가 2021년 재개장했다.

양덕온천휴양소 다음으로 주목할 만한 곳은 백두산 기후온천휴양소이다. 이곳 역시 최근 시설을 보수 중인 것으로 알려져 있다. 백두산 주변에는 한겨울에도 뜨거운 물김을 뿜어 올리는 온천인 백두온천(73도)을 비롯해 백암온천, 락원온천이 있다. 북한은 백두산 온천이 만성기관지염, 관절염, 피부염 등의 치료에 특효가 있다고 널리 광고하고 있다.

양강도의 내곡온천도 주목할 만하다. 북한에서 천연기념물로 지정된 이 온천은 5백 년이 넘는 역사를 자랑한다. 온천수가 솟아 나오는 샘은 아홉 곳인데, 그중 두 곳의 샘만 이용하고 있다. 물 온도는 45도로 라돈이 많이 포함되어 있고, 수소탄산 이온과 나트륨 및 마그네슘 이온이 풍부한 편이다. 역시 북한 천연기념물인 경성온천은 모래 온천으로 유명하다. 이곳 역시 온천수가 나오는 샘이 여러 곳인데, 두 곳의 샘을 사용하고 있다. 온천수 온도는 53.5~55도로 높은 편이며, 모래 욕탕이 있는 것이 특징이다.

3
쿠바 올드 카 관광 부럽지 않은
북한의 〈올드 플레인〉 관광

여행의 수단으로서 교통 인프라는 여행 기획에 결정적인 영향을 미친다. 단체 여행에서는 더더욱 그렇다. 폐선을 레일 바이크로 바꾸면 관광 자원이 되듯, 교통수단은 때론 여행의 목적이 되기도 한다. 북한 여행도 교통수단의 관점에서 들여다볼 필요가 있다.

우리가 북한을 방문하는 방법은 크게 세 가지다. 육로 방북, 항로 방북, 해로 방북이다. 육로 방북은 기차와 자동차로 나눌 수 있다. 비행기 항로는 베이징, 선양, 상하이 등 중국을 거쳐서 가는 것이 대부분이다. 해로는 금강산 관광 당시 활용한 방식으로 원산, 함흥, 청진, 나진 등 북한 동해안 도시 관광에 활용할 수 있다.

북한의 주요 공항과 항로

북한의 항공 수송 체계는 낙후되었다. 국제공항은 평양의 순안공항뿐인데, 삼지연공항과 어랑공항을 국제공항으로 확장 중이다. 국내선 공항은 순안, 선덕, 순천, 원산, 청진, 삼지연, 혜산, 어랑, 과일, 개천, 황주, 갈마 공항 등 12곳이 있는데, 대부분 군용 공항을 겸하고 있다. 북한으로 찾아오는 관광객들은 베이징-평양, 선양-평양, 상하이-평양 등의 국제 항로를 이용할 수 있으나 상황에 따라 노선이 변한다. 국내선 중에서는 백두산 관광의 입구인 삼지연공항과 칠보산 옆의 어랑공항이 애용된다. 육로로 가기에는 시간이 너무나 많이 걸리기 때문이다.

비행기 애호가 관광, 평양 상공의 〈올드 에어플레인 투어〉

북한 조선국제려행사의 여행 상품 중에는 〈비행기 애호가 관광〉이 있다. 시작된 지 얼마 되지는 않았지만 날로 인기를 끌고 있다고 한다. 이렇게 인기가 높아지면서 프로그램 성격이 바뀌었다. 이전에는 여러 기종의 비행기를 타고 지방 참관을 하는 방식, 즉 교통수단이었다. 그런데 최근에는 평양국제비행장 한 곳에서 다양한 기종의 비행기를 타고 일정한 시간 동안 지역 상공을 선회 비행하는 것으로, 즉 관광 상품으로 바뀌었다.

비행기 애호가 관광에서는 실물 참관과 사진 촬영, 그리고 실제로 비행기 타보기를 통해 호기심을 충족할 수 있다. Ty-134, An-24, An-148을 비롯해 다양한 기종의 비행기가 준비되어 있는데, 제작 연도가 오래된 것일수록 인기가 많다고 한다. 외국 비행기 애호가들이 감탄하는 점은 오래된 비행기를 운항이 가능할 정도로 잘 관리하고 있다는 것이다. 영국과 독일, 프랑스, 오스트리아, 네덜란드 관광객들이 주로 이용하는데, 해마다 이용자가 늘고 있다고 한다.

낙후되었지만 거미줄처럼 연결된 철도

북한의 철도 운송 체계는 노후화되어 있다. 평의선(평양-신의주) 노선과 평라선(평양-나진) 노선을 제외하고는 쓸 만한 노선이 별로 없다고 한다. 평의선은 신의주 청년역을 시작으로 남신의주역-락원역-룡천역-룡주역-곽산역-신안주역-문덕역-숙천역-서포역을 거쳐 평양으로 들어온다. 총 구간은 225킬로미터이다. 평의선을 비롯해 대부분 일제 강점기 때 놓인 철도가 그대로 사용되고 있는데, 우리처럼 적극적으로 폐선을 하지 않아서 활용 여지가 있다.

북한이 선전하는 열차 관광

북한은 대도시부터 산간 벽지까지 방방곡곡 연결하는 철도를 관광 산업에 활용하고 있다. 평양-원산 노선과 동해안을 따라 달리는 원산-함흥-청진 노선이 주로 이용된다. 조선국제려행사는 〈운수 애호가 관광〉을 따로 운영하고 있다. 국내산 자동차, 뜨락또르(트랙터), 옛날 기관차들이 전시된 3대 혁명 전시관 야외 전시장을 참관하고 무궤도 전차, 궤도 전차, 지하 전동차를 타는 코스이다.

베이징-평양 기차 여행

북한을 여행하는 방식 중 베이징에서 단둥과 신의주를 거쳐 평양으로 들어가는 기차를 이용하는 방식이 있다. 1천 4백 킬로미터를 달리게 되는데, 24시간 정도 걸린다. 베이징에서 늦은 오후에 출발해 다음 날 아침 무렵 단둥에 도착하고, 신의주를 거쳐 평양에 가면 늦은 오후가 된다. 여행 이용객들은 단둥에서 1박을 하기도 한다.

백두산 관광을 위한 혜산-삼지연선

북한 여행과 관련해서 가장 주목할 만한 철도 노선은 혜산시와 삼지연시를 연결하는 혜산-삼지연선이다. 조선중앙

평양시 중구역 야경

방송이 〈김정은 동지의 원대한 구상에 따라〉 2019년 개통 되었다고 한 이 철도는 백두산 국제관광특구 활성화에 기여할 것으로 예상된다. 북한은 삼지연공항을 이용하는 하늘길, 평양-혜산-삼지연을 잇는 철길(혜산시와 평양은 이미 철도 노선이 연결되어 있다), 평양-함흥-혜산-삼지연을 잇는 육로로 관광객을 수송한다고 밝혔다(육로는 상당한 시간이 걸린다). 북한은 압록강을 따라 만포-혜산-백두산-무산을 잇는 〈백두산 관광 열차〉도 건설 중이다.

철도의 도시 나진을 여행하는 법

나진은 북한의 대표적인 철도 도시다. 평양과 나진을 잇는 평라선(781킬로미터)의 종점이면서 회령시와 나진을 잇는 함북선(327킬로미터), 러시아 하산과 나진을 잇는 나진-하산 철도(54킬로미터), 중국 투먼역과 연결되는 나진-남양 철도(150킬로미터)의 종점이기도 하다. 나진 선봉 경제특구는 철도와 항만이 연계되어 있다는 것이 장점이다. 두 국외 노선은 시베리아 횡단 철도와도 이어진다.

철도와 마찬가지로 낙후된 고속 도로

북한의 도로는 거의 90퍼센트가 비포장도로이다. 내륙을 횡단, 종단하는 도로가 적어 자동차를 이용한 화물 및 여객 수송에 큰 지장을 준다. 고속 도로는 평양-개성, 평양-원산, 평양-향산(묘향산), 평양-남포, 원산-금강산 구간이 있다. 또한 백두산 관광을 위해 혜산-보천-삼지연-대홍단 구간의 도로를 정비하며 포장하고 있다. 고속 도로로 불리지만 실제로 가보면 대부분 남한의 일반 국도에도 미치지 못한다. 휴게소나 주유소 시설도 부족해서 관광버스에 연료를 싣고 가기도 한다.

평양-남포 구간의 〈청년영웅도로〉

북한의 고속 도로 중에서는 평양직할시 보통강 구역에서 시작해 남포특급시까지 총 연장 49킬로미터인 〈청년영웅도로〉가 유명하다. 북한 전역에서 동원된 10만여 명의 청년들이 2년도 안 되는 기간에 건설해서 붙은 이름이다. 전시에 대북 진격로가 될 수 있는 이 도로에서는 방어용 콘크리트 구조물을 볼 수 있는데, 전시에 폭파시켜 적의 장갑차 등 차량의 진입을 막기 위한 것이다.

최고의 관광 도로, 평양-원산 고속 도로

북한에 여행을 간다면 가장 이용 가능성이 높은 고속 도로는 평양-원산 고속 도로이다. 150킬로미터 정도로, 울림폭포와 마식령스키장도 이 도로 주변에 위치하고 있어 북한 관광객들이 두루 이용한다. 원산-금강산 고속 도로를 85킬로미터 정도 더 달리면 금강산에 닿을 수 있다.

평양의 택시 관광

외국 관광객이 늘면서 평양에서 일어난 변화 중 하나는 택시 관광이다. 개인택시는 아직까지 불법이지만, 법적인 테두리에서 운영되는 방식이 있다. 즉 개인이 승용차를 직접 구입해 국영 택시 기업소에 적을 두고 매달 수익 일부를 내는 방식과, 일정한 기간 동안 영업을 하고 승용차를 국영택시 기업소에 넘기는 방식이다. 평양 도심의 야경 투어도 택시 관광으로 이루어지곤 한다.

해로를 이용한 관광

북한의 여객선 중에서 가장 기구한 운명을 가진 배는 만경봉호이다. 재일 교포들의 북송선으로 활용되었던 이 배는 금강산 관광에 활용되다가 백두산 시범 관광에도 이용되었다. 남북 교류가 단절되었다가 평창 동계 올림픽 때 다시 재개되었는데, 그때 북한 응원단을 태우고 왔다. 금강산항으로 갔던 해로를 원산, 흥남항(함흥시), 청진, 나진 등으로 확장할 수 있을 것이다.

금강산 수로 관광

북한강에서 유람선을 타고 내금강으로 가는 관광 방식으로, 최문순 강원도지사가 제안했다. 파로호-평화의 댐-금강산 댐-내금강으로 이어지는 〈평화 물길 관광 통로〉를 개발하자는 것이다. 평화의 댐과 금강산 댐까지의 구간이 남북을 잇는 수로 관광 루트이다. 강원도와 화천군은 이 구상이 실현되면 평화의 댐, 세계 평화의 종 공원, 국제 평화 아트파크, 백암산 평화 생태 특구를 묶어 국내 최대 평화 관광 단지를 조성하겠다고 밝힌 바 있다.

대동강 뱃놀이

조선 시대 뱃놀이 중에서는 대동강 뱃놀이가 가장 유명했다. 한강 뱃놀이보다 규모도 크고 화려했다고 한다. 평양성이 대동강에 인접해 있어서 부벽루, 을밀대, 대동문 등 성시설이 대동강과 어우러지는 것도 강점이었다. 이 대동강 뱃놀이의 전통은 현재 〈평양 맥주 축제〉 때 유람선에서 맥주를 마시는 것으로 이어졌다.

4
옥류관 말고 가봐야 할
평양의 10대 음식점

사람들이 해외여행을 이야기할 때와 국내 여행을 이야기할 때 차이가 있다. 해외여행은 주로 추억과 사람에 대한 기억을 말하는데, 국내 여행은 기승전-맛집으로 이야기가 수렴된다. 그래서 평양 미식 기행을 고민해 보았다. 평양에 가보기는 했지만 13년 전이어서 기억이 가물가물하다. 그래서 기억에 의존하기보다 문헌 자료와, 최근 북한을 방문한 사람과 탈북민들의 이야기를 종합해서 나름 〈평쉐린(평양+미쉐린) 가이드〉로 열 곳을 꼽아 보았다.

평양 미식 기행을 해야 하는 이유 중 하나는 일본 가이세키 요리에 큰 영향을 준 곳이 바로 평양이기 때문이다. 음식을 아름다운 그릇에 담아 먹는 일본의 음식 문화와 관련해 빼놓을 수 없는 인물이 있다. 바로 기타오지 로산진(北大路魯山人)이다. 그는 일본 최고의 요정 호시가오카사료를 만든 사람이다. 서예가이자 요리사이며 도예가였던 그는 최고의 장소에서 최고의 음식을 최고의 그릇에 내놓는 고급 식문화를 정립시켰다. 〈그릇은 요리의 기모노, 그릇과 요리는 한 축의 두 바퀴〉라는 소신을 가지고 있던 그는 일본의 현대 가이세키(일본식 제철 음식 코스 요리)의 표준을 정립했다. 이 로산진으로 하여금 한국의 옛 그릇을 통해 도예 철학을 터득하고 요리에 어울리는 그릇을 제작해야 한다고 마음먹게 한 도시가 평양이다. 그의 평전을 읽어 보면 그가 평양 권번의 상차림을 통해 음식과 그릇의 조화에 관한 깨달음을 얻은 부분이 나온다.

평양의 유명한 먹자 거리는 창광과 문수 거리이다. 최근에는 독립 채산제로 운영하는 식당들이 새로운 맛집으로 부상하고 있다. 남한에 가장 잘 알려진 평양 음식은 평양냉면인데, 평양 사람들은 대동강숭어국도 대표 음식으로 꼽는다. 〈평쉐린 가이드〉로 추천할 만한 열 곳을 소개한다.

1. 청류관
옥류관과 쌍벽을 이룬다는 청류관은 평양시 중구역 보통강변에 위치한다. 지하 1층 지상 4층 건물로, 1천 명 정도를 수용할 수 있는 큰 식당이다. 지하에 주방, 1층은 국수류를 파는 식사실, 2층은 〈민속 요리〉를 제공하는 식사실, 3층은 사무실, 4층에는 야외 식사실이 있다. 대동강숭어국이 유명하고 돼지고기 토막찜, 메기탕, 평양식 불고기도 잘한다.

2. 비로봉레스토랑

화려한 뷔페를 선보이는 곳으로 유명한 비로봉레스토랑은 평양의 지배층에게 인기가 있으며, 평양호텔에 위치한다. 평양에 장기 체류했던 외국인들이 평양의 맛집 50여 곳을 소개한 가이드북 『평양의 외식』에서 최고의 음식점으로 꼽는데, 거기에는 〈국제적 수준의 환경에 신선한 해산물, 샐러드와 과일, 치즈 등이 일품인 뷔페를 제공한다〉라고 쓰여 있다.

3. 양각도호텔 스카이라운지

양각도는 서울의 여의도에 해당하는 대동강의 섬으로 골프장, 축구장, 유원지 등과 함께 양각도호텔이 있다. 고려호텔과 쌍벽을 이루는 이 호텔은, 특히 360도 회전하는 스카이라운지 식당이 유명한데, 2008년 평양 방문 때 이 식당을 이용했기 때문에 그 맛을 확인한 바 있다. 일본 가이세키 요리가 원래 평양 기생집 요리를 따라한 것으로 알려져 있는데, 이곳에서 그 원형을 느낄 수 있다.

4. 여명 거리 온반

평양온반은 평양냉면, 대동강숭어국, 녹두지짐과 함께 〈평양의 4대 음식〉으로 꼽힌다. 특히 여명 거리의 온반이 유명한데, 덮밥처럼 밥 위에 온갖 재료를 올린 다음 육수를 붓고 녹두지짐을 얹는다. 녹두지짐을 얹는 데는 사연이 있다. 억울한 누명을 쓰고 옥에 갇힌 연인을 수발하던 한 여인이 음식이 식지 않도록 녹두지짐을 이불처럼 얹어 갖다주었다고 한다. 그 후 형을 마치고 나온 연인과 혼례를 올릴 때 손님들에게 이 온반을 대접했는데, 거기에서 유래되었다고 한다.

5. 붉은별식당

평양은 단고기라고 부르는 보신탕으로 잘 알려져 있다. 호텔 식당 메뉴로도 나온다. 그런데 평양 사람들은 〈토끼 고기 보신탕〉을 더 고급으로 친다고 한다. 붉은별식당이 특히 토끼 요리로 유명한데, 뚝배기에 끓인 토끼탕과 토끼 찜 요리 등이 대표적이다. 그 밖에 토끼 간을 볶아서 함께 주기도 한다.

6. 대동강 식당 배

대동강에는 〈식당 배〉라고 불리는 대동강 유람선(대동강호)이 있다. 바bar에는 기타와 드럼, 건반이 있는 무대도 있어 그곳에서 20~30분 정도 간단한 공연을 한다. 요리는 용정어회(향어회), 잉어메주장찜, 왕새우찜 등이 있다. 대동강호는 단체가 회식을 하며 뱃놀이를 즐기는 유람선이다.

7. 경흥맥주집의 대동강맥주

평양시 보통강구역 경흥거리에 위치해 있다. 12시~오후 2시, 오후 5시~7시, 하루에 두 번 열어서 낮술이 가능한 곳이다. 한 번에 1천 명이 들어올 수 있는 규모로 매일 3.5톤짜리 대동강맥주 차가 들어온다. 테이블이 놓인 홀에서 간단한 안주를 곁들여 서서 마시는, 말 그대로 선술집이다. 대동강맥주는 양강도의 호프, 황해도의 보리, 대동강의 지하수로 만들어지는데, 쌀 함유량에 따라 일곱 종류로 나뉜다. 북한 사람들은 보리 70퍼센트와 쌀 30퍼센트를 함유한 맥주를 가장 즐기는데, 경흥맥주집에서는 〈까스 맥주〉로 불리는 생맥주가 인기다(북한 화폐만 받는 곳이라 원칙적으로 외국인은 이용할 수 없다. 북한 주민과 함께 가야 한다).

모란봉구역 개선문 전경

8. 락원 닭고기 전문식당

평양시 모란봉구역 개선문동에 위치해 있다. 남한의 〈맛대로 촌닭〉 대표가 2007년 연 식당으로, 남북 교류가 단절된 뒤에는 북한에서 자체 운영하고 있다고 한다. 평양에서 대동강맥주로 치맥을 즐길 수 있는 곳이다.

9. 별무리 찻집

평양시 창광거리 연화동에 2005년 문을 연 곳으로, 비행기 내부를 닮은 인테리어가 특징이다. 이름과 달리 피자, 스파

게티, 햄버거, 샌드위치 등을 판매한다. 스위스식 퐁뒤도 있다. 치즈는 염소 목장에서 조달한다. 식당 뒷마당에 바질을 직접 재배해서 활용한다.

10. 해맞이커피 / 해맞이식당

평양시의 중심가 창전거리에 위치해 있다. 인테리어의 분위기가 고급스러운 카페다. 아메리카노, 에스프레소, 라테 등 다양한 스타일의 커피를 맛볼 수 있다. 핸드 드립 커피도 가능하다. 조각 케이크 등의 디저트류도 있다. 해맞이커피는 해맞이식당의 부속 시설인데, 해맞이식당은 세계 각국의 요리를 24시간 맛볼 수 있다. 이곳 냉면도 유명한데, 냉면 양을 100그램 단위로 구분해 주문을 받는다.

이 외에 평양에 가면 꼭 들르고 싶은 곳이 한 곳 더 있다. 평양역 스낵 코너이다. 『재미 동포 아줌마, 북한에 가다』를 쓴 신은미 씨는 이곳을 〈평양역을 벗어나 계속 걸었다. 그곳에는 열차 이용객들을 위한 스낵 코너가 있다. 빵, 만두, 짜장면, 족발, 가재미식 해밥, 닭튀김, 송이버섯볶음, 아이스크림, 오리구이, 청어튀김, 소고기 불고기, 햄버거, 오이소박이, 계란졸임 등등 온갖 게 다 있다〉라고 묘사했다. 분주한 북한 사람들 사이에서 이 메뉴를 주문하고 대동강맥주를 한잔하고 싶다.

5
냉면 말고 꼭 먹어 봐야 할
북한의 10대 음식

이번에는 평양 외 지역의 특산 음식이다. 개성 만두, 평양 냉면, 신의주 순대 등은 우리가 익히 알고 있는 북한 음식들이다. 그런데 진짜 맛있는 북한 음식을 우리들 대부분은 경험하지 못했다. 왜 그럴까? 제철에 제 방식대로 먹어야 하는데 남한에 수급이 되지 않기 때문이다. 북한 지역에는 섬을 비롯해 풍부한 해산물과 송이버섯 등을 재료로 하는 자연물 요리가 발달했는데, 우리는 이를 접하기 힘들다. 따라서 이번에는 북한 여행이 재개된다면 먹어 봐야 할 북한 음식을 꼽아 보았다.

일단 북한 음식의 일반적인 특징에 대해 알 필요가 있다. 북한은 잡곡을 이용한 음식이 많고, 겨울이 길기 때문에 발효 식품이 발달했다. 지짐, 구이, 튀김, 볶음, 무침 등 조리 방식은 우리와 대동소이하고, 남한 음식에 비해 상대적으로 크게 썰고 푸짐하게 내놓는다. 맛은 담백한 편이어서 맵거나 짠 음식이 적다. 남한보다 더 산악 지형인 북한은 지역 간 단절이 심해 음식의 지역색이 더 강하다. 대표적인 것이 바로 평양냉면과 함흥냉면이다.

1. 평양냉면과 함흥냉면

평양냉면은 메밀이 주성분이며 면발이 연하다. 냉면의 육수로는 동치미 국물이 쓰이는데, 여기에 꿩고기나 닭고기의 국물을 부어 감칠맛을 더한다. 면 위에 여러 종류의 꾸미와 고명을 올려서 내놓는다. 남한에서는 심심한 맛으로 먹는데, 평양에서는 양념장을 더해서 내놓는다. 함흥냉면은 메밀가루와 함께 감자, 고구마, 옥수수의 전분 등을 가미해서 만든다. 면발이 질기고 쫄깃쫄깃한데, 여기에 맵고 진한 비빔장을 넣어 비벼 먹는다. 이것이 특징이다. 회무침과 매운 맛의 양념 비빔장, 따끈한 육수의 하모니를 즐길 수 있다.

2. 묘향산 칠색송어구이, 칠색송어탕

묘향산에 갔을 때 칠색송어구이를 먹은 적이 있는데 별미였다. 그 맛을 잊을 수가 없다. 묘향산 계곡의 송어는 일곱

가지 색깔을 띤다고 해서 칠색송어로 불린다. 이 송어로 매운탕을 끓이면 비린내가 없고 담백하며 약간의 향도 난다고 해서 유명하다.

3. 청진의 털게찜

서해는 꽃게, 동해는 대게, 북한은 털게가 유명하다. 털게는 북한 동해안 지역의 별미다. 겨울부터 이듬해 봄까지가 제철이며, 제철이 아닐 때는 말리거나 절여서 먹는다. 껍질이 얇아 발라 먹기 편하고, 살이 부드럽다. 북한에서도 상류층만 먹을 수 있을 만큼 귀한 음식이다.

4. 남포 조개구이

남포시 인근 서해안은 갯벌이 발달되어 조개가 많이 난다. 여기서 잡은 조개를 남포 시민들은 돌판에 굽는데, 방식이 좀 특이하다. 벌어지는 쪽을 돌판 쪽으로 향하게 하여 가득 채운 다음, 휘발유를 조개 위에 조금씩 부어 가며 조개 입이 벌어질 때까지 굽는다. 이걸 어떻게 먹을까 싶은데, 다 구우면 휘발유 냄새가 전혀 나지 않는다고 한다. 조개죽도 별미로 알려져 있다.

5. 칠보산 송이버섯

칠보산에는 보물이 많다. 그중 으뜸은 송이버섯이다. 2007년과 2018년 남북정상회담 시기에 북한은 칠보산 송이버섯을 선물로 보내왔다. 산악 지형인 북한에서는 송이가 제법 흔한 버섯이다. 그래서 고급 식당에서는 무쳐서 반찬으로 내기도 한다. 칠보산은 산나물도 유명하다. 참나물, 고비나물 등 칠보산의 보물과 청진 앞바다에서 잡은 명태 및 도루묵으로 만든 해산물이 어우러진 밥상을 경험할 수 있다.

6. 고성 도루묵구이

남한에서는 도루묵을 주로 찌개로 먹는데, 북한에서는 구이로 먹는다. 도루묵은 알이 핵심이다. 알이 통통하게 배어 있는 도루묵을 바짝 구워서 먹으면 알이 통통 씹힌다. 몸통 맛은 노가리와 비슷해서 맥주 안주로 안성맞춤이다.

7. 함경도 감자가자미식해

남한의 동해안에서도 많이 먹는 가자미식해는 원래 함경도가 유명하다. 뼈가 억센 참가자미 말고 줄가자미로 하되, 되도록 어린 줄가자미로 해야 잘 삭고 씹기에도 좋다. 여기에 북한에서 풍부한 감자를 같이 넣어 삭힌다.

8. 원산 섭죽

섭은 자연산 홍합이다. 일반 홍합보다는 크고 키조개의 절반 정도의 크기로, 제철인 겨울에는 살이 통통하고 색도 붉다. 강릉이나 속초 등에서도 채취할 수 있는데, 반잠수해야 겨우 딸 수 있다. 섭은 주로 국이나 죽을 끓여 먹는데, 섭이 많이 잡히는 북한에서는 구이로도 먹는다. 구운 섭의 껍데기에 남은 국물 맛이 일품이다.

9. 해주 조기매운탕

남한에서는 영광굴비가 유명한데, 원래 조기가 가장 많이 잡히는 곳은 북한의 해주 어장이다. 조선 시대에는 조기에 세금을 걷어서 쓸 만큼 많이 잡혔다고 한다. 그래서 지금도 해주는 조기매운탕이 유명하다.

10. 나진 옥수수국수

중국 동북 3성에서는 옥수수국수를 많이 먹는데, 관북 지방에도 옥수수국수가 일반적이다. 옥수수 특유의 고소함을 느낄 수 있다. 북한은 음식을 전식과 주식으로 나눠서,

주식으로 평양냉면, 함흥냉면 등 면을 많이 먹는데, 옥수수국수는 관북 지방의 대표적인 주식이다.

다음은 북한 지역별 음식의 개괄적 특징이다. 평양 음식과 개성 음식을 중심으로 황해도, 평안도, 양강도와 자강도, 그리고 함경도의 음식을 여섯 개의 권역으로 나눴다.

1. 평양 음식

가장 잘 알려진 평양 음식은 평양냉면과 대동강숭어국이다. 평양냉면은 오래전부터 평양 지방에서 전통적으로 만들어 먹던 국수로서 주재료는 메밀이며, 고깃국에 동치밋국을 섞어서 만든다. 대동강숭어국은 대동강에서 많이 잡히는 숭어에 여러 가지 양념을 첨가한 것으로, 맛이 탁월하고 영양가도 매우 높다. 이 밖에도 평양온반, 평양쟁반국수, 평양어죽, 갈빗국, 갈비구이, 뱀장어구이, 평양군밤 등이 유명하다.

2. 개성 음식

개성은 고려 시대의 수도였던 지역으로 요리가 매우 다양하다. 그중에서도 보쌈김치, 편수, 설렁탕, 추어탕, 경단,

우메기(떡의 일종), 약밥, 신선로 등이 알려져 있다. 보쌈김치는 다른 김치보다 독특한 맛과 향기를 가지므로 입맛을 돋우어 주며, 국물이 달고 영양가도 높다. 또한 설렁탕과 추어탕도 유명하다. 이 밖에도 개성의 미나리초대, 찹쌀고추장 등이 널리 알려져 있으며, 개성 인삼술과 홍삼술은 세계적으로 유명한 특산품이다.

3. 황해도 음식

해주비빔밥, 김치밥, 칼국수, 메밀국수 등이 유명하다. 또한 해에 한 번이라도 녹두녹말국수를 해먹으면 건강하고 오래 산다고 하여, 이 지방에서는 여름철에 녹두녹말국수와 녹두묵을 해먹는 관습이 있다. 그 밖에도 도미국수, 숭어찜, 더덕고추장구이, 김구이 그리고 나물이 유명하다.

4. 평안도 음식

평안도 음식이라고 하면 노치(노티)를 빼놓을 수 없다. 노치는 찹쌀이나 기장쌀 혹은 조찹쌀가루를 반죽하여 엿기름가루를 넣고 삭혀서 지진 떡이다. 주로 명절 때 만들어 푸짐한 명절 음식상에 올린다. 맛이 달고 새콤하고 쫄깃쫄깃하며, 먹으면 근기가 있다. 평안도에는 풋강냉이로 만든

올챙이국수(묵), 누릅쟁이국수, 칼국수, 가지요리, 녹두지짐, 새우젓 등도 유명하다.

5. 양강도와 자강도 음식

이 지역은 북부의 높은 산간 지대에 위치해 있다. 배추 농사가 힘들어 예전부터 갓을 심어 봄과 가을에는 채소를 대신하고, 겨울에는 배추김치 대신 갓김치를 담가 먹었다. 갓김치는 향기롭고 시원하며, 오래 두고 먹어도 물크러지지 않고, 맛이 변하지 않는 특징이 있다. 갓으로 만든 김치에는 김장용 갓김치, 상갓김치, 풋갓김치, 갓짠지 등이 있다. 또한 양강도와 자강도에는 감자가 많이 나서 감자녹말국수, 감자떡, 언 감자떡, 감자탕 졸임(조림), 당면, 감자녹말강정 등이 유명하다.

6. 함경도 음식

함경도 음식 중에 제일 유명한 것은 가자미식해이다. 토막낸 가자미에 양념을 섞어 만든 젓갈로서 그 맛이 달고 상쾌하며, 오랫동안 보관하여 먹을 수 있다. 함경도 지역에서는 가재미 외에도 명태, 낙지, 문어, 도루묵으로도 식해를 담가 먹는다. 함경도는 산악 지역으로서 감자녹말국수, 강냉

이녹말지짐, 장국밥, 태식, 방어 반찬, 감자찰떡, 귀밀떡, 갓김치 등의 명산지로 알려져 있다. 또한 고사리도 유명하며, 고사리로 만든 음식이 발달했다.

3장

우리가 몰랐던 북한

1
중국 유커에게서 얻은 북한 여행의 힌트

이제 본격적인 여행 루트에 대해 고민해 보자. 북한 여행 루트를 짜기 위해 기존의 북한 여행기를 두루 읽어 보았다. 감상은 제각각이었지만 루트가 너무 겹쳤다. 차려 놓은 밥상이 비슷했기 때문이다. 〈수도 평양, 오래된 도시 개성, 판문점과 휴전선 일대, 묘향산 국제친선전람관, 원산 일대의 동해 또는 청진부터 나선 특구〉 등 뤼디거 프랑크가『북한 여행』에서 북한 여행의 루틴이라고 지적한 곳들을 대부분 가게 된다.

이렇게 가는 데가 빤한데 관광 인프라가 미치지 못하면 병목 현상이 생긴다. 평양이 그렇다. 코로나19가 창궐하기 이전 평양은 넘쳐나는 중국 관광객으로 몸살을 앓아야 했다. 시진핑 주석의 방북이 그 계기가 되었다. 유엔안보리 대북 제재에 해당하지 않는 관광 산업을 돕기 위해 시진핑 주석은 중국 인민들에게 북한 관광 여행을 지시했다. 5백만 명을 약속했다느니, 1천만 명을 약속했다느니 온갖 소문이 나돌았다.

소문은 현실로 나타났다. 중국 유커들의 북한 여행이 폭증하기 시작했다. 특히 평양에 집중되었다. 2019년에 접어들어서는 하루에 2천 명 정도가 평양을 방문하면서 평양의 호텔 객실이 동이 났다. 민박까지 등장해 북한에서도 에어비앤비 서비스가 시작되었다는 이야기가 나왔다.

북한은 넘쳐나는 중국 유커를 소화하기 위해 당일 투어를 개발했다(여행 알선업체가 개발했을 수도 있다). 랴오닝성, 지린성, 헤이룽장성 등 동북 3성의 중국인 대상 당일 투어가 활황이었다. 단둥-신의주, 지안-만포, 투먼-남양 코스로 중국 유커들이 대거 유입되었다. 대부분 한나절 일정의 여행이었다.

중국 유커들이 개척한 이 루트를 우리도 활용할 수 있다. 숙박 시설과 교통 환경을 고려했을 때, 북한 관광은 천편일률적일 수밖에 없다. 중국 유커들의 여행 루트를 활용하면 일반 북한 여행과 다른 여행을 할 수 있다. 이렇게 당일 투어를 하고, 숙박은 중국 도심에서 해결하면 된다.

북한은 중국 유커를 겨냥해 북중 국경 지역에 대단위 관광개발구/관광특구를 육성 중이다. 함경북도 온성섬관광개발구, 양강도 무봉국제관광특구, 평안북도 청수관광개발구 등이 이에 해당한다. 이 지역은 우리가 평양으로 들어갔을 때 접근하기 쉽지 않은 곳이다. 유커 루트로 돌아보는 것이 훨씬 수월하다.

한때 압록강과 두만강의 북중 국경을 따라서 여행하는 것은 흔한 여름 패키지 상품이었다(물론 중국 쪽 국경을 따라서 다녔다). 2019년 『시사IN』에서 진행한 〈북·중·러 접경지대에서 한반도를 보다〉의 여행 코스를 보면 중국의 훈춘, 방천, 투먼, 용정, 임강, 지안, 단둥을 거치는 일정이었다. 이런 패키지 여행에서 숙박하는 중국 도시를 베이스캠프로 삼고 북한을 여행할 수 있다.

이런 여행이 가능해진다면 맨 먼저 가보고 싶은 곳은 자강도이다. 그동안 자강도는 관광객들에게 문호를 개방하지 않았다. 함경북도와 양강도, 평안북도 국경 도시에 관광특구와 개발구가 설치될 때에도 자강도에는 지정이 되지 않았다. 북한의 주요 군수 시설이 자강도에 있기 때문이다. 그런데 변화의 조짐이 나타나고 있다. 자강도 만포시와 중국 지안시를 연결하는 만포-지안 대교가 2019년 개통되었는데, 그 상징으로 볼 수 있다. 만포로 들어가서 접하게 되는 강계시가 북한의 대표적인 군사 도시다.

다음은 양강도 혜산이다. 혜산진은 백두산에서 벌목한 나무를 뗏목으로 만들어 출발하던 곳으로 조선 시대 때 번창했었다. 혜산시는 현재 양강도의 도청 소재지다. 한반도에서 가장 추운 곳으로 꼽히는데, 단풍이 가장 먼저 드는 곳이니 단풍 여행의 적지가 될 것이다.

우리가 실제 지명인지도 모르고 〈삼수갑산을 가더라도 먹고나 보자〉라고 말하는 삼수와 갑산도 양강도에 있는 지명이다. 개마고원 중심부인 이곳은 조선 시대의 대표적인 유배지로, 고산 윤선도가 일흔의 나이에 위리안치되기도 했다.

〈오랑캐가 넘어오는 고개〉라는 의미에서 적유령(狄踰嶺)이라고 불리는 고개도 흥미로운 곳이다. 평안북도와 자강도 사이에 걸쳐 있는 이 고개 북쪽에 내린 비는 압록강이 되고, 남쪽에 내린 비는 청천강이 된다. 압록강이라는 강을 건너고 다시 산을 넘어 한반도로 들어오게 되는 이 루트도 주목할 만하다.

청진시와 칠보산은 중국 동북 3성 주민들이 1박 2일 코스로 여행하는 곳으로 알려져 있다. 평양을 통해 이곳을 여행하려면 항공편을 이용해야 한다(기차가 있지만 시간이 너무 오래 걸린다). 차라리 중국에서 투먼-남양 루트로 접근하는 것이 청진시와 칠보산 여행에는 더 유리할 수 있다. 중간에 두만강 여행을 넣은 패키지를 구성할 수도 있을 것이다.

연길공항을 이용한 백두산 어라운드 트래킹 여행도 상상할 수 있다. 지금도 백두산 관광은 연길공항을 통해서 이루어지지만, 백두산의 중국 쪽 영역만 둘러보고 내려가게 되어 있다. 남북 교류가 활성화되면 백두산 천지를 한 바퀴 돌 수 있는, 〈안나푸르나 어라운드〉와 같은 환백두산 트래킹 코스도 상상해 볼 수 있을 것이다.

2
북한에서 〈모터사이클 다이어리〉를 써본다면?

그리 성공적이라고 할 수는 없지만 김정일 위원장에게 〈예술 정치〉가 있었다면, 김정은 위원장에게는 〈관광 정치〉가 있다. 원산갈마지구, 삼지연지구(백두산) 등의 대규모 관광 개발을 진두지휘하고 있는 그는 효과적인 외화벌이 수단인 관광에 공을 쏟고 있다. 지난 10년간 북한 관광의 변화된 지점을 꼽아 본다면 〈주문형〉 관광 상품이 많아지고 있다는 점이다.

북한 여행을 중개하는 여행사 홈페이지에 들어가 보면 〈프라이빗 여행〉 섹션이 있음을 발견할 수 있다. 외국인들의 요구에 따라 맞춤형 여행을 만들어 주고 있는 것이다. 반응이 좋은 일부 여행은 정규 패키지 여행으로 개발되기도 한다. 산악 마라톤, 경비행기 관광, 파도타기 등 우리가 예상하지 못하는 패키지 여행이 있다. 평양 인근의 서산골프장이나 평양골프장에서 골프 관광도 할 수 있다.

이 밖에도 태권도 관광 등 다양한 체육 관광이 있다. 북한에는 조선국제태권도려행사가 있어 태권도를 동경하고 배우려는 세계 각지의 태권도 애호가들을 위한 태권도 관광을 조직하고 있다. 다른 사회주의 국가와 마찬가지로 북한도 체육 시설에 투자를 많이 해서 국제 규격에 맞는 체육 시설이 있는데, 이를 관광에 적극 활용하고 있다.

사회주의 국가인 북한에서 혁신이 더 쉬운 경우가 있다. 결정권자의 결심으로 바로 바뀔 수 있기 때문이다. 금강산 관광이 그렇다. 그 실행 과정도 신화적이지만 파급 효과도 컸다. 이후 금강산 지역에서 이벤트가 자주 열렸는데, 심지어 국제적인 바이크 행사가 열리기도 했다. 남한에서 개인이 자신의 차량으로 금강산으로 가는 관광까지 구현되기도 했다.

예전에 북한 여행을 할 때면 밤에는 대부분 숙소에 머물러야 했다. 그런데 지금은 평양에서 택시를 이용한 야경 투어도 가능하다. 예전에 비해 택시가 많아졌고, 야간에도 운행하기 때문에 평양의 밤거리를 둘러볼 수 있다. 2010년 전까지만 하더라도 평양은 밤이 되면 암흑의 도시로 바뀌고, 택시도 별로 없어 야간 투어가 불가능했지만 이제 가능해졌다.

지난 10년 동안 북한에서 새로 시작된 관광 상품 중 북한 여행에 대한 상상력을 키울 수 있는 것 열 가지를 꼽아 보았다. 두만강이나 압록강에서의 카약/카누 타기, 김일성광장에서의 치맥 파티, 대동강 크루즈, 개마고원에서의 대규모 캠핑 행사 등 못 할 것이 없을 듯하다. 조선국제려행사에서 관리하는 〈조선 관광〉 사이트의 프로그램을 중심으로 북한의 이색 여행을 정리해 보았다. 특이하게 우리의 농활과 비슷한 〈로동 생활 체험 관광〉도 있다.

1. 한반도 종주 모터사이클 다이어리

북한에서 모터사이클 여행이 가능할까? 그렇다. 2001년과 2002년에 〈국제 금강산 모터사이클 투어링〉이 열린 적이 있다. 서울과 금강산을 잇는 4백 킬로미터 투어에 세계 각국에서 온 라이더 1백여 명이 참가했다. 대한모터사이클연맹(KMF)과 현대아산이 주최하고, 국제모터사이클연맹(FIM)과 아시아모터사이클투어링협회(AMTA)가 주관했으며, 연예인도 20여 명 함께했다.

방식은 이랬다. 서울 올림픽공원 평화의 문에서 발대식을 마치고, 1차로 강원도 양양까지 3백여 킬로미터를 달리며 국내 투어를 즐겼다. 이튿날 설봉호를 타고 북한 고성항으로 이동했다. 고성항에 도착한 일행은 설봉호와 해금강 호텔에서 하루를 보낸 뒤 금강산 일대 해금강, 삼일포, 만물상을 도는 80킬로미터 코스를 투어했다. 이 투어링을 위해 북한 당국은 내금강 일부와 온정해수욕장 코스를 최초로 공개했다.

2. 평양 공중 유람 관광(비행기 활용 관광)

평양에서는 관광객들의 커다란 관심 속에 경비행기, 직승기(헬리콥터), 여객기를 이용한 공중 유람 관광이 활발히 진행되고 있다. 이 유람 관광은 평양국제비행장에서 이륙하여 청춘거리 체육경기관들, 과학기술전당, 미래과학자거리를 지나 대동강을 거슬러 주체사상탑, 5월1일경기장, 장천남새전문협동농장 등을 왕복 비행하면서 평양시의 모습을 내려다보는 코스로 구성되어 있다.

3. 골프 관광

남포시 인근의 평양골프장은 풍치가 수려한 태성호 기슭에 자리 잡고 있다. 골프장의 부지 면적은 약 324정보(3.21제곱킬로미터)이며, 그중 잔디 면적은 46정보

(0.46제곱킬로미터)이다. 골프 주로(코스)의 수는 모두 18개로 되어 있는데, 그 연장 길이는 15.3킬로미터이며 연결 코스는 호숫가를 따라 특색 있게 이어져 있다. 골프장에는 기재들과 봉사 인원들, 각종 봉사 시설들이 충분히 구비되어 있다. 하루에 1백여 명이 경기를 할 수 있으며, 잘 꾸려진 10개 동의 숙소에서는 80여 명이 숙박할 수 있다. 경기를 하지 않는 방문객들도 깨끗한 환경과 맑고 푸른 태성호를 보며 산책하는 것만으로 만족을 느낄 수 있다. 남포시 와우도와 평양시 양각도에도 9홀 규모의 골프장이 있다.

4. 파도타기 관광

2014년 7월에 북한 동해의 아름다운 마전과 시중호(강원도 통천관)에서는 처음으로 세계 각국에서 온 관광객들의 파도타기 관광이 진행되었다. 일반적으로 북한 동해의 7월과 8월은 해수욕 계절로서 파도는 높지 않다. 그러나 이 계절에도 지역에 따라 파도타기에 적합한 곳이 있다. 이때 파도의 높이는 보통 1.5~3미터로서 파도타기 수준이 높지 않은 애호가들에게는 알맞다. 북한 동해에서 높은 파도타기 기술을 소유한 애호가들에게 적합한 시기는 보통 10월과 11월이다. 그러나 이 시기의 바닷물은 따뜻하지 않다. 북한

동해 바다는 생태학적으로 매우 깨끗해서 파도타기를 즐기는 관광객들의 찬탄을 불러일으키고 있다. 특히 여름철 바닷가 해수욕장에서 초만원을 이루며 해수욕을 즐기는 북한 사람의 생활 모습은 관광객들에게 깊은 인상을 준다. 현재 조직되고 있는 파도타기 관광 일정에는 1주일 정도의 파도타기뿐만 아니라 평양과 묘향산, 개성을 비롯한 북한의 주요 관광지 일정도 포함되어 있다.

5. 로동 생활 체험 관광(농활)

최근 조선국제려행사와 라선국제려행사 등 여러 여행사가 흥미 있는 로동(노동) 생활 체험 관광을 조직하여 관광객들의 호평을 받고 있다. 관광객들은 북한의 협동농장과 과수 농장에서 직접 자기 손으로 모내기와 김매기, 과일 따기 등 다양한 노동 생활을 체험하게 된다. 이를 통하여 북한의 농업 정책과 농촌 문화의 특징을 이해하고, 북한 주민의 근면한 노동 활동 모습도 보게 된다.

6. 쿠킹 클래스

북한 역시 최신 여행 트렌드를 따라가고 있다. 평양에서는 평양냉면과 녹두지짐을 만들어 보고 평양 김치를 담가 보는 두 시간짜리 쿠킹 클래스가 75유로 정도 한다. 가격이 제법 비싸지만 저녁 식사가 제공된다.

7. 태권도 관광

오늘날 우리의 정통 무도 태권도는 고유한 우수성으로 인하여 세계 무도계에서 당당한 지위를 차지하고 있으며, 북한에서도 세계 각지에서 태권도를 배우려는 사람들의 수가 날로 늘어나고 있다. 태권도의 모국을 자처하는 북한에서 우리 민족의 슬기와 넋이 깃든 태권도를 배우고 연마하는 것은 매우 흥미 있는 일이다. 관광객들은 태권도 성지관과 태권도전당 등 훌륭히 꾸려진 시설에서 높은 기술을 보유한 북한 태권도 사범들로부터 태권도를 배우게 된다. 또한 정해진 수련 일정을 마친 후 조선태권도위원회 명의로 된 태권도 수련 증서도 받게 된다.

8. 체육 관광/승마 관광

관광객들은 현대적인 체육 시설에서 북한의 직업 체육 선수나 체육 애호가로부터 마라톤과 승마, 축구, 배구, 농구, 배드민턴, 스키, 스케이트, 파도타기 등 다채로운 종목의 훈련을 받을 수 있다. 체육 경기를 하거나 공동 훈련을 진행하면서 기술을 교류하고 자기들의 기량을 향상시킬 수 있다. 승마를 예로 들면 〈미림승무구락부〉가 있다. 영국과 독일 등에서 들여온 말 120필을 보유하고 있는 곳이다. 하루에 2백 명 정도 강습하는 곳으로 4월과 10월에는 승마 대회도 열린다.

9. 건축 기행

북한에서 건축은 하나의 언어다. 북한식 사회주의가 무엇인지를 설명해 주는 건축 언어인 것이다. 『시-유 어게인 in 평양』을 쓴 미국 작가 트래비스 제퍼슨은 그와 관련해 〈2014년에 건축을 주제로 한 관광에 참여해서 한 도시가 2년 만에 어느 정도까지 변할 수 있는지 볼 기회를 얻었다〉. 그때 그는 〈이 나라의 새로운 지도자가 최우선으로 여기는 목표가 무엇인지, 수도가 그 목표에 따라 어떻게 변하고 얼마나 새로운 형태를 갖추는지에 관해 신문에서 볼 수 없는 깊은 이해를 얻었다〉라고 표현했다.

10. 생태 관광

북한도 생태 관광에 눈을 뜨고 있다. 〈물범 관광〉은 조선국제려행사의 주목할 만한 신상품이다. 이 여행은 물범이 오는 5월부터 10월 사이에만 가능하다. 나선시 비파단 기슭에서 북동쪽으로 3킬로미터 정도 떨어진 바위에 매년 수십 마리의 물범이 찾아온다고 한다. 조선국제려행사는 〈바위 위에 배를 드러내고 누워 햇볕을 쪼이기도 하고, 뱃전으로 다가와 머리를 쳐들고 꼬리를 치며 수면을 오르내리면서 온갖 재롱을 부리는 물범의 광경에 관광객들은 시간이 가는 줄 모른다〉라고 홍보하고 있다. 비파단 앞바다에서는 바닷새들이 낙지와 문어를 비롯한 물고기를 낚아채는 모습을 볼 수 있다고 한다.

3
사회주의 천국이 아니라
아웃도어 천국으로!

북한은 산악 강국이다. 남한은 국토의 70퍼센트, 북한은 80퍼센트가 산이다. 그래서 북한 여행 아이템 중에서 특히 등산 트래킹, 캠핑 등 아웃도어 여행에 주목하고 있다. 현실적인 측면도 있다. 북한 여행이 바로 허용된다고 해도 숙박 시설이 별로 없기 때문에 일반적인 여행지는 금방 마감될 것이다. 숙박 시설을 짓는 것은 단기간에 할 수 있는 일도 아니다. 그러므로 여행 인프라가 부족한 북한에서 당장 확장 가능한 여행은 아웃도어 여행일 것이다.

아웃도어 여행은 숙박과 식사 같은 여행자의 숙제를 직접 푸는 여행이다. 국내 아웃도어 인구가 제법 많으니 개수대와 화장실 등 최소한의 설비만 구축하면 바로 구현할 수 있다. 시설 이용료를 내고 식자재를 현지에서 구입하게 하면 북한 경제에도 도움이 될 것이다. 캠핑 등 아웃도어형 여행은 자연과 강하게 스킨십을 할 수 있는 여행 방식이니 감흥도 클 것이다.

다음은 2019년 김정은 위원장의 신년사이다.

우리는 올해에도 조국의 부강과 인민의 행복을 위한 거창한 대건설 사업들을 통 크게 벌여야 합니다. 전당, 전국, 전민이 떨쳐나 삼지연군을 산간 문화 도시의 표준, 사회주의 이상향으로 훌륭히 변조시키며 원산갈마 해안관광지구와 새로운 관광지구를 비롯한 우리 시대를 대표할 대상 건설들을 최상의 수준에서 완공하여야 합니다.

삼지연군과 원산갈마 해안관광지구를 조성하는 것은 다분히 남북 교류 시대를 겨냥한 포석일 것이다. 김정은 위원장이 신년사에서 언급한 곳 외에도 개마고원의 부전호나 장진호 근처는 고산 트래킹 코스로 매력적일 것이다. 묘향산과 칠보산도 금강산 못지않게 인상적인 곳이다. 구월산 등 황해남도에는 남한 수도권에서 당일로 다녀올 수 있는 산도 많다.

북한에서는 〈등산 관광〉을 적극 홍보하고 있다. 조선국제려행사의 설명을 보면 최근 독일과 영국, 노르웨이, 벨기에 등 많은 유럽 여행자들이 금강산과 묘향산에서 등산 관광을 진행했다. 흥미로운 것은 등산 방식이다. 〈숙식 조건을 준비해 가서 현지에서 천막을 치고 숙식을 하며 유쾌한 등산 활동을 하는 방식〉으로 한다고 말한다. 정상을 지나 종주하는 방식의 등산로가 있다는 것이다.

등산 관광

조선국제려행사에서는 세계적인 명산들인 북한의 금강산과 묘향산에 대한 등산 관광을 조직하고 있다. 금강산은 산악미, 계곡미, 고원 경치, 호수 경치, 해안 경치 등을 모두 갖추고 있어 단순한 하나의 명승이 아니라 모든 자연의 절승 경개(絶勝景槪)의 집합체로 불린다.

1만 2천여 개의 높고 낮은 수많은 산봉우리들을 포괄하는 금강산에는 뛰어난 산악미를 보여 주는 비로봉과 관음연봉, 차일봉, 집선봉, 세존봉 등 높이가 1천 미터 이상 되는 이름난 산봉우리가 1백여 개나 된다.

아름다운 산봉우리를 비롯해 계곡들과 폭포들이 있는 묘향산도 북한의 6대 명산 중 하나이다. 묘향산에는 절승 경개인 상원동, 만폭동을 비롯해 뛰어난 경치를 가진 등산

로들이 있다. 등산 애호가들은 다양한 등산 관광 일정을 통해 조선의 아름다운 경치를 부감하고(높은 곳에서 내려다보는 것) 자신의 등산 기호를 만족시킬 수 있다.

개마고원 캠핑카 5백 대 프로젝트

북한에서 관광 상품으로 경쟁력이 있을 것 같은 아웃도어 여행 아이템을 생각해 보았다. 먼저 북한 아웃도어 여행의 서막을 알리는 프로젝트로 〈호텔 개마고원 프로젝트〉를 기획했다. 정주영 회장의 소 떼 방북에 대한 오마주 여행으로 캠핑카 5백 대로 개마고원에서 캠핑을 하는 것이다. 5백 마리의 소로 남북 교류의 물꼬를 튼 것처럼 5백 대의 캠핑카로 새로운 남북 교류 시대를 열어 보자는 거다.

캠핑카 5백 대로 개마고원 캠핑하기의 의도는 다음과 같다. 첫째, 한반도의 평화 시대를 여는 상징적인 퍼포먼스를 해보자. 둘째, 숙식을 해결하는 여행을 보여 줘서 북한 지역의 난개발을 막아 보자. 셋째, 육로로 북한을 지나 시베리아로 향하는 상상력을 발휘해 보자.

좀 느리지만 이런 프로젝트를 꾸준히 진행하여 과정으로서 증명하는 여행 방식을 보여 주는 것도 의미가 있을 것이다.

백두고원 트래킹

백두산은 민족의 영산이지만 트래킹 코스로 개발되어 있지는 않다. 북측 백두산 코스는 차량으로 최대한 높은 고도까지 올라간 뒤, 조금 걸어 올라가서 관람하는 루트로 되어 있다. 백두대간 북측 구간을 종주한 뉴질랜드인 로저 셰퍼드는 북한의 요청으로 백두산에서 삼지연으로 내려오는 백두고원 트래킹을 진행했다. 남북 교류가 재개되면 남한의 아웃도어 룩을 입은 사람들이 따라하고 싶어 하는 코스이다.

한반도에서 두 번째로 높은 산, 관모봉 등산

한반도에서 가장 높은 산은 백두산(장군봉, 2,750미터)이다. 그럼 두 번째로 높은 산은 어디일까? 참고로 한라산은 아니다. 한라산은 50위권에도 들지 못한다. 정답은 2,541미터(관모주봉)의 높이를 자랑하는 관모봉이다. 함경북도의 함경산맥에 있는 관모봉은 개마고원의 북동부에 위치한다. 관모주봉을 중심으로 북관모(2,334미터), 동관모(2,355미터), 중관모(2,440미터), 남관모(2,360미터), 서관모(2,432미터), 홍대산(2,471미터), 설령(2,442미터), 중설령(2,310미터) 등 2천 미터 이상의 고봉 30여 개가 산군(山群)을 이루고 있다.

부전호 일대의 양떼

1천5백 미터 호수 주변에서 고산 트래킹

한반도에서 세 번째로 높은 산은 북수백산(2,521미터)이다. 이 북수백산과 차일봉 인근에 부전호가 있다. 일제 시대에 댐이 건설되면서 호수가 된 곳으로, 호수와 정상까지 표고 차이는 1천 미터 내외이다. 남한에서도 충주호(청풍호)와 대청호 호반 지역이 아름다운 풍경을 자랑하는데, 고도가 훨씬 높은 부전호와 장진호 일대는 더 좋은 풍경을 기대할 수 있다.

일반적으로 기온은 해발이 1백 미터 높아질 때마다

0.6도씩 낮아진다. 해발 1천5백 미터인 부전호는 평지보다 9도 정도 낮아서 여름에도 시원하게 트래킹할 수 있다. 이 지역에는 잎갈나무, 분비나무, 가문비나무, 봇나무(자작나무), 사스래나무, 황철나무 등이 혼성림을 이루고 있다. 해발 2천3백 미터 이상 되는 곳에는 좀참꽃, 만병초, 사슴이끼 등 식물들이 고산습초원지대를 이루고 있다.

북한의 자연보호구 오가산과 낭림산

북한은 백두산과 금강산 등지를 〈나라의 보호구〉로 설정하고, 자연 생태계 보존을 위해 애쓰고 있다. 백두산과 금강산 외에 북한이 관심을 가지고 보존하는 곳은 자강도 오가산과 낭림산, 그리고 함경북도 관모봉이다. 이곳을 〈식물보호구〉에서 〈자연보호구〉로 확대 지정하고 보존을 위해 다양한 활동을 하고 있다.

오가산은 해발 1,227미터로 낭림산맥에 속하며, 연평균 강수량이 1천 밀리미터 이상으로 강수일수(비, 눈, 우박 등이 내린 날의 총 수)도 많은 편이다. 1,100년 된 주목을 포함해 오가산피나무, 오가산신갈나무, 오가산주목 등 천연기념물이 있는 북한의 대표적 원시림 보호 구역으로 730여 종의 식물상이 있다. 조리대, 만삼, 오미자 등의 약용 식물과 특수 용재로 쓰이는 적목, 엄나무, 들메나무 등을 비롯해 가문비나무, 분비나무, 젓나무, 잣나무 등이 풍부하다.

낭림산맥의 주봉인 낭림산은 해발 2,186미터의 산으로 평안남도에서 제일 높다. 평안남도 대흥군 낭림리, 자강도 용림군 광성리, 함경남도 장진군 양묘리 사이에 위치한 낭림산은 낭림산맥과 묘향산맥의 갈림길에 자리하며 대동강과 청천강의 발원지로 유명하다. 〈늑대가 많은 산〉이라는 뜻을 가지고 있는데, 실제로 늑대가 많이 살고 곰, 사슴, 여우 등 다양한 산짐승이 있다. 가문비나무, 전나무, 분비나무, 잣나무, 소나무 등 삼림이 울창하여 예로부터 임업이 발달했으며, 동쪽의 완만한 사면을 이용하여 양과 염소 등 가축들의 방목이 이루어지고 있다.

산악 마라손 관광

2015년 8월에 조선국제려행사의 조직으로 세계 산악 마라손(마라톤) 애호가들의 첫 산악 마라손 관광이 진행되었다. 영국, 아일랜드, 프랑스를 비롯해 세계 여러 나라에서 온 관광객들은 백두산의 형제폭포에서 출발해 21킬로미터 구간을 달렸다. 관광객들은 이 구간을 달리면서 백두산의 수려한 밀림과 아름다운 고산 지대의 꽃들, 수정같이 맑은 물이 흘러내리는 장쾌한 폭포, 뭇짐승들의 울음소리와 새들의 지저귐, 우아하고 아름다운 자연 경치를 한껏 부감했다. 조선국제려행사에서는 조선의 다른 명산과 명승지에서도 산악 마라손 애호가들을 위한 다양한 관광 일정을 조직하고 있다.

산악 자전거 여행

북한에서 외국인들에게 인기 있는 여행 아이템 중 하나가 자전거 여행이다. 조선국제려행사의 설명을 보면 명승지에서 제한적으로 이루어지고 있음을 알 수 있다. 그 내용은 다음과 같다.

북한을 찾는 관광객들은 요구에 따라 자전거 관광을 진행할 수 있다. 평양시와 백두산, 구월산 지구를 비롯한 이름난 관광지에서 자전거를 타고 달리며 활기찬 도시의 분위기와 풍치 수려한 명산들의 독특한 경치를 감상하게 된다.

관광지 주변이 아닌 도시에서 도시로, 혹은 관광지로 자전거로 이동하는 여행을 해도 흥미로울 것 같다. 도로 포장이 잘 되어 있지 않지만, MTB(산악용 자전거)를 타고 달린다면 오히려 더 매력적일 수 있다. 평양 등 도시를 벗어나면 자전거는 북한 주민들의 보편적인 교통수단이다. 자전거를 타고 가는 길 위에서 북한의 일반 주민을 만날 수 있을 것이다. 엄청난 양의 짐을 싣고도 유유히 페달을 밟는 북한 주민들의 모습은 무척 인상적이다. 이런 자전거 여행을 산악 자전거 여행으로 확대하면 큰 호응을 얻을 수 있을 것이다.

4
우리가 몰랐던 북한의 섬과 바다

우리는 북한의 바다를 너무 모른다. 2019년 여름 국립해양 박물관에서 〈잊힌 바다, 또 하나의 바다, 북한의 바다〉전이 열렸다. 북한의 바다를 본격적으로 해부한 이 전시는 크게 3부로 구성되었다. 1부는 분단 이전의 북한 바다이다. 일제가 어업 침탈을 위해 우리의 해양 자원을 면밀하게 조사했던 내용이다. 2부는 본 전시로, 〈북녘 바다 사람들의 삶과 문화〉를 만날 수 있는 사진과 자료가 전시되었다. 3부는 평화의 바다를 이야기하기 위해 메러디스 빅토리아호의 흥남 철수 모습을 담았다. 「굳세어라 금순아」 노래가 흘러나오는 전시장은 나름 북한의 바다를 재현해 주었다.

흥미로운 기획전이었지만 북한의 바다와 관련된 자료가 풍부하지 않았다. 군사 시설이 포진해 있어서인지 북한은 해안 개방에 유난히 인색하기 때문이다. 금강산 관광 때 열린 해금강을 빼고는 북한의 바다를 경험한 사람이 드물었다. 김윤아 국립해양박물관 전시팀장은 〈북한을 방문했던 분들을 여럿 접촉했다. 그런데 북한을 여러 번 갔던 분들도 바닷가를 가본 사람은 거의 없었다. 충분한 자료를 확보하지 못해 아쉬웠다〉라고 말하며 기획 과정의 어려움을 토로했다.

북한의 섬들은 특히 자료가 없다. 북한에는 이순신 장군이 여진족과 싸운 지역인 두만강 하구의 녹둔도를 비롯해 1,045개의 섬이 있다. 압록강, 청천강, 대동강, 예성강 등 큰 강 하류와 리아스식 해안의 만에 주로 분포하는데, 압록강 하구의 비단섬, 황금평, 반성 열도(列島)가 대표적이다. 비단섬은 작은 섬들이 신도 열도를 구성하고 있던 것을 섬 북쪽에 제방을 쌓아 연결해 만든 인공 섬이다. 황금평도 버려진 갈대밭을 간척 사업해 만든 곳으로, 북한 내 단위 면적당 수확고가 가장 높은 황금 들판이 되었다. 남포의 석도는 해변이 아름다운 곳으로 알려져 있다.

북한의 동해안에는 서해안처럼 큰 섬은 없지만 경관이 수려한 곳이 많은 것으로 알려져 있다. 원산만 일대에는 섬이 다수 분포하며, 천연기념물로 지정된 섬도 있다. 나선시의 대초도와 소초도, 성진시(김책시)의 양도와 강후이도,

신포시의 마양도, 흥남항 앞의 화도와 소화도 등이 북한의 대표적인 동해 섬이다. 원산 앞바다는 군도(群島)라고 표현해도 과언이 아닐 정도로 섬이 많으며, 신도, 대도, 묘도, 여도, 웅도 등이 포진하고 있다.

이제 본격적으로 북한의 바다를 들여다보자. 다시 〈잊힌 바다, 또 하나의 바다, 북한의 바다〉전으로 돌아가 보자. 다음은 전시회에 내걸렸던 북한 포스터에 쓰인 구호들이다. 바다를 활용하고 개척하려는 간절한 여망이 엿보인다.

겨울철 물고기잡이 전투를 힘 있게 벌이자!
바다가(바닷가) 양식을 대대적으로 하자!
남포 갑문 건설을 힘 있게 지원하자!
배마다 만선기 휘날리자!
모두 다 정어리잡이에로!
청소년들이여! 모두 다 해양 체육에로!

이런 요란한 구호 사이로 들어서면 또 다른 선전·선동의 바다가 관람객을 맞이했다. 광복절 해양 기념식에서 북한 청소년들이 선상에서 매스 게임을 하고, 바다소년단이 해양 활동을 하는 사진을 볼 수 있었다. 북한 어린이들이 오와 열을 맞춰 절도 있게 백기와 홍기를 들고 있었다.

북한식 사회주의 프로파간다는 수산업 관련 사진에도 이어졌다. 〈맛 좋은 젓갈품을 더 많이 생산 공급하자!〉는 구호 아래 젓갈을 담고, 생선을 갈아 어묵을 만들고, 양식장에서 어패류를 걷어 올리고, 선봉수산사업소에서 어류 연구를 하는 장면을 두루 볼 수 있었다.

해금강, 명사십리, 송도원 등 북한이 내세우는 명승지에서 여유를 즐기는 주민들을 담은 사진도 있었다. 산업항으로 거듭나 대형 크레인이 열을 지어 있는 나진항과 대규모 리조트가 건설 중인 원산 해변 사진도 볼 수 있었다. 전시회에서 북한의 변화상을 가늠할 수 있었는데, 사진 속 〈억지 행복〉이 부자유스러웠다. 그 바다를 내 눈으로 직접 보고 싶은 간절한 마음만 깊어졌다.

몇 가지 북한 바다 여행 아이템을 생각해 보았다. 북한 서해안에서 주목할 곳은 남포시의 와우도이다. 대동강 하류의 와우도는 소가 누워 있는 형상이라서 그렇게 불렸는데, 지금은 간척 사업으로 육지가 되었다. 와우봉을 중심으로 낮은 봉우리들이 연결되어 있는데, 기암절벽이 형성되어 트래킹 코스로 활용할 수 있다. 특히 와우봉에서 바라보는 남포시 풍경이 아름답다고 한다. 모래사장과 솔숲, 그리고 대동강이 어우러진 풍경이 운치가 있어 일찍부터 유원지로 조성되었다.

최근 들어 북한 국가관광총국은 바다 관광을 적극 홍보하고 있다. 조선국제려행사는 2014년 7월에 최초로 청진시 마전 해변과 통천군 시중호 바닷가에서 외국 관광객을 대상으로 한 파도타기 관광을 선보였다. 행사를 진행한 뒤 조선국제려행사는 7~8월은 해수욕 계절인 데다 파도도 1.5~3미터 규모라 파도타기에 적합하다며 이 시기를 적기로 제안한다. 또한 파도타기를 일주일 정도 하고 평양, 개성, 묘향산을 여행하는 패키지 상품을 선전하고 있다.

4장

북한 관광지 8대 권역

1
평양 권역
평양 건축 관광부터 대성산까지

평양 건축 관광

북한이 관광적으로 내세우는 평양의 매력은 건축이다. 세계에 자랑할 만한 기념비적 건축물이 많다고 홍보한다. 평양 건축물의 특징을 조선국제려행사는 〈민족적 형식과 현대적 미감의 조화〉라고 설명하며, 건축 애호가들을 위한 〈건축 애호가 관광〉을 판매하고 있다. 조선국제려행사가 〈건축 애호가 관광〉에서 둘러보는 건물은 주체사상탑, 개선문, 당창건기념탑, 천리마동상, 인민대학습당, 인민문화궁전, 평양대극장, 조국해방전쟁승리기념관, 평양 지하철 등이다. 마지막으로 북한 건축 설계의 중심인 백두산건축연구원을 방문하여 북한 건축가들과 다양한 형식의 교류도 하게 된다.

대중교통을 이용한 관광

지금까지 북한을 방문하는 관광객들은 주로 여행사가 제공하는 관광버스나 승용차를 타고 평양을 관광했다. 조선 국제려행사에서는 최근 관광객이 궤도 전차나 무궤도 전차, 지하 철도를 비롯해 평양의 대중교통 수단을 이용해 평양을 관광하는 상품을 만들었다. 평양 시민들이 이용하는 대중교통으로 평양의 중심 거리를 돌아보며, 시민들의 생활 모습을 엿볼 수 있다. 이런 대중교통 관광의 포인트 중 하나는 평양 지하철역마다 있는 거대한 모자이크 벽화이다.

평안 감사 따라하기

〈평안 감사도 저 싫으면 그만이다〉라는 속담이 의미하는 바는 평안 감사가 그만큼 좋은 자리였다는 것이다. 평양은 조선의 풍류 도시였다. 대대로 평안 감사들은 평양의 풍류를 전하는 아름다운 글귀를 남겼다. 그 풍류의 주요 무대라고 할 수 있는 곳이 부벽루이다. 조선 시대에는 평안 감영을 찾아온 조정의 관료나 중국에 연행(燕行) 가는 사신 혹은 중국 사신들만 오를 수 있는 곳이었다.

『북한의 도시를 미리 가봅니다』를 쓴 박원호는 평안 감사처럼 평양을 둘러볼 수 있는 코스로 〈대동문-연광정-영명사-부벽루-모란봉(최승대)-을밀대〉를 꼽았다. 그리고 대동강 달밤 뱃놀이로 마무리할 것을 권했다. 부벽루(浮碧樓)는 〈대동강 푸른 강물 위에 둥실 떠 있는 누각〉이란 뜻이다. 부벽루 아래에는 푸른 벼랑, 즉 청류벽이 있고 아래로 길이 나 있는데, 샛강을 건너가면 능라도이다.

평양민속공원

『재미 동포 아줌마, 북한에 가다』를 쓴 저자 신은미는 평양에서 꼭 가봐야 할 곳으로 평양민속공원을 꼽았다. 그는 〈한 나라 역사의 위대함은 그 나라가《얼마나 경제적으로 부강했는가》가 아니라《얼마나 문화가 발달한 나라였는가》로 가늠할 수 있다. 평양민속공원은 우리 역사의 문화적 자존감을 일깨워 주기 충분했다〉라며 추천했다. 평양민속공원에는 몽골의 침입 때 소실된 경주 황룡사 9층탑을 실물로 그리고 재현한 목탑이 있다. 황룡사 9층탑 옆에는 고구려 금강사의 8각 목탑을 재현한 탑도 있다. 탑 안에 엘리베이터가 있어 위로 올라갈 수 있다. 평양민속공원에는 고구려궁과 발해궁도 재현되어 있다.

대성산

서울의 남산 구실을 하는 평양의 산은 대성산이다. 남산과 달리 평양 중심에 있지 않고, 평양 중심부에서 북동쪽으로 6킬로미터 떨어진 곳에 있다. 대성산(大成山)은 〈큰 성이 있는 산〉이라는 뜻인데, 산이 그리 높지는 않다. 주봉인 장수봉(높이 270미터)과 소문봉, 주작봉을 비롯한 여섯 개의 연봉이 있다. 평양 8경의 하나로 꼽히는 대성산에는 소나무, 수삼나무, 단풍나무 등 다양한 수종의 나무들이 무성한 혼성림을 이루고 있어 사시장철 수려하다.

고구려 시절에는 대성산이 평양의 중심이었다. 그래서 고구려 왕궁터가 있다. 대성산성은 왕궁의 보위성이었다. 산성 주변에는 99개의 못자리, 성터, 광법사 등 사찰 유적이 남아 있다. 오늘날에는 평양 시민들의 유원지가 되었다. 남문 주변의 넓은 부지에 대성산 유희장이 있다. 유희장 안에는 민족 음식인 국수를 전문으로 하는 동천호식당을 비롯해 특색 있는 〈로천 식당〉들이 꾸려져 있다. 중앙동물원, 중앙식물원, 자연박물관 역시 대성산에 있다.

2
평안도 권역
묘향산부터 신의주까지

2008년 남북 언론인 교류에 초대되어 북한을 방문했다. 주로 평양의 시설을 둘러보았는데, 유일하게 평양 외곽에 갔던 곳이 묘향산이었다. 그전까지 묘향산에 대해서는 잘 알지 못했다. 북한에 가면 백두산이나 금강산에 가보고 싶다고 생각했지, 묘향산에 가고 싶다는 생각을 한 적은 없었다. 그런데 묘향산에 다녀온 후, 평양을 방문한다면 하루날을 잡아서 묘향산에 다시 가봐야겠다는 생각을 하게 되었다.

묘향산

북한의 6대 명산 중 하나로 꼽는 묘향산(妙香山)은 〈산의 경치가 기묘하고 향기를 풍기는 아름다운 산〉이라는 데서 그 이름이 유래되었다. 예전에는 우리나라의 서쪽에서 가

묘향산 만폭동

장 높고 아름다운 산이라고 하여 〈서산(西山)〉이라고도 불
렸다. 다른 명산과 마찬가지로 기묘한 봉우리, 천만 가지
모양의 기암괴석, 맑은 물이 흐르는 크고 작은 폭포들로 신
비경을 이루고 있다. 평양에서 묘향산까지는 150킬로미터
로, 당일 일정으로 왕복할 수 있다.

　묘향산은 1,120여 종의 식물과 40여 종의 포유동물,
120여 종의 조류가 살고 있는 거대한 생태 관광지구이기
도 하다. 묘향산의 기후가 북쪽에 있는 산치고는 비교적 바
람이 적고 따뜻하기 때문이다. 연평균 기온은 8.3도이며,

연평균 강수량은 1,342밀리미터로 많은 편이다.

묘향산 정상까지는 가지 못하더라도 만폭동까지는 꼭 가보길 바란다. 묘향산은 향로봉과 천탑봉 사이의 계곡을 따라 걷는 등산길이 유명하다. 기세등등하고 장쾌함을 주는 등산로이다. 크고 작은 폭포가 1만 개나 있다고 해서 〈만폭동〉이라고 불리는 만폭동 등산은 주로 만폭동 입구의 서곡폭포에서 무릉폭포, 은선폭포, 만폭대를 지나 유선폭포, 장수바위, 비선폭포를 부감하고 9층폭포까지 걷는다.

국제친선전람관

묘향산 입구에는 국제친선전람관이라는 전시관이 있다. 북한 여행지 중에는 특이하게 체제 선전 시설이 있는데, 그중 하나다. 그래도 이곳은 가볼 만하다. 김일성 주석과 김정일 국방위원장이 해외 수반 등으로부터 받은 선물을 전시해 놓은 곳이다(세계 지도 모양의 〈선물 종합 안내도〉가 걸려 있다). 사람이 사람에게 선물할 수 있는 모든 것이 전시되어 있다. 179개국에서 김일성 주석에게 보낸 22만여 점의 선물과, 164개국에서 김정일 위원장에게 보낸 5만 5천여 점의 선물이 대륙별, 국가별, 연도별로 전시되어 있다.

국제친선전람관은 폭격에 대비해서 터널 형태로 만들어져 있다. 출입문은 두꺼운 철문이다. 함께 방문한 후배 기자가 『아라비안나이트』에 나오는 보물 창고에 들어가는 기분이라고 할 정도로 육중했다(이 보물 창고 내부는 촬영이 금지되어 있다). 소중한 보물에 해를 끼쳐서는 안 되기 때문에, 먼지가 일어나지 않도록 신발 위에 천으로 된 덧신을 신고 들어가야 했다.

이곳에는 남한 대통령들이 보낸 선물도 전시되어 있는데 흥미로웠다. 박정희 전 대통령은 1972년 은담배함·은재털이·은칠꽃병을, 전두환 전 대통령은 1982년 은세공 그릇 일식(세트)·금장식 은제 자기를, 1983년 금장식 은세공 그릇 일식·금장식 은수저·라전(나전) 화장 도구함을, 노태우 전 대통령은 1990년 은 술 주전자 일식·양복천 문방구 일식·조선 옷감 등을 선물했다. 김대중 전 대통령은 매우 많았다. 무려 850여 점에 이른다고 했다. 노무현 전 대통령도 12장생도(가장 비싼 선물인 듯) 등 김 전 대통령에 버금갈 정도로 선물을 많이 보냈다고 했다.

특이한 것은 김영삼 전 대통령이 보낸 선물이 보이지 않는다는 사실이었다. 김일성 주석과 만나기로 한 적도 있었기 때문에 그 전에 선물을 보냈을 가능성이 큰데 없었다.

김 전 대통령이 보낸 선물은 치운 모양이었다. 1994년 김일성 주석 사망 이후 조문단 파견을 두고 벌어진 〈조문 파동〉 때문인 것 같았다. 살아 있을 때는 만나자고 했다가 죽고 나니 조문도 오지 않겠다고 했던, 상반된 태도가 북측에서는 받아들여지지 않았을 것이다.

향산호텔과 청천려관

묘향산은 평양에서 당일로 왕복할 수 있지만, 향산천 기슭에 자리 잡은 향산호텔 숙박을 권한다. 평양 외의 지역에서는 보기 드문 호화급 호텔이다. 향산호텔은 피라미드 모양의 건축물로 휴양을 위한 시설을 두루 갖추고 있다. 세계 요리 전문 식당, 회전 전망 식당, 화면 반주 음악실, 미용실, 그리고 안마실을 비롯한 봉사 시설이 꾸려져 있다. 또한 관망 승강기가 따로 있으며, 관망대에 올라 묘향산 풍치를 부감할 수 있다. 묘향산 특산물인 두릅, 고사리, 취나물 같은 산나물과 칠색송어 요리가 유명하다. 청천려관은 한옥 양식으로 지은, 청천강 기슭에 자리 잡은 숙소이다. 묘향산의 산세를 내부 장식에 반영했다.

남포시

대동강 하류에 자리 잡은 국제적인 항구 도시 남포는 북한 제2의 도시다. 평양에서 55킬로미터밖에 떨어져 있지 않아 〈평양의 관문〉으로 불리는데, 관광 도시 역할도 한다. 와우도를 비롯한 명승지와 강서세무덤(강서 고분) 같은 역사 유적들, 그리고 서해 갑문이 있다. 남한의 큰 강 하류와 마찬가지로 대동강 하류에도 왜가리나 백로 같은 철새가 많이 날아든다. 남포는 물의 도시다. 강서약수와 신덕산샘물이 유명하다.

강서약수는 천연기념물 제56호로 지정할 정도로 북한이 내세우는 북한의 대표 약수이다. 남포시 강서구역 약수리에 위치해 있다. 원래 이 약수터는 〈요양 기지〉와 〈약수 생산 기지〉로 개발되었는데, 강서약수(구약수터)와 청산약수(신약수터) 두 군데로 구성된다. 수십 개의 샘이 있는데, 그중 네 개의 샘을 이용하고 있다. 강서약수는 산성 계열로 철분과 탄산이온 함량이 높아, 특히 위장병에 좋은 것으로 알려져 있다.

북한의 서해 갑문은 우리의 새만금이나 서산 방조제에 비견될 만큼 의미 있는 구조물이다. 8킬로미터의 바다를 막은 것으로, 1981년 공사를 시작해 1985년에 마무리되었다. 갑문에는 2천~5만 톤급까지의 배들이 드나들 수 있는 세 개의 갑실이 있고, 위에는 기찻길과 자동차 길, 걸음길 (보도)이 있다. 서해 갑문의 건설로 농경지의 관개용수와 공업 지대의 공업용수 및 주민의 음료수 문제가 해결되었다. 서해 갑문이 건설되기 전에는 남포에서 은율까지 2백 킬로미터를 돌아가야 했지만, 지금은 8킬로미터만 가면 된다.

『북한의 도시를 미리 가봅니다』의 저자 박원호는 〈남포 항이 국제항으로 변신할 수 있었던 것은 순전히 서해 갑문 덕분이다. 서해 갑문으로 인해 깊은 수심(평균 9~11미터) 을 확보할 수 있고, 방파제 역할을 하기에 남포항에 화물선 들의 안전한 정박이 보장된다. 서해 갑문은 다목적 방조제 로서 북한 정권의 최대 치적 중 하나임에 틀림없다〉[3]라고 평가했다.

대동강 하류의 와우도는 유명한 휴양지다. 고도가 높지 는 않지만 와우봉을 비롯한 여러 봉우리와 기암절벽이 어 우러진 곳이다. 온갖 꽃이 만발하는 봄철, 짙은 녹음이 우 거지는 여름철, 단풍 든 가을철 모두 아름답다. 해수욕장, 보트장, 배구장 등 여러 시설이 두루 갖춰져 있고, 와우봉

3 박원호, 『북한의 도시를 미리 가봅니다』, 가람기획, 2019, 172면

133   4장 북한 관광지 8대 권역

에 오르면 항구 도시 남포의 전경을 감상할 수 있다.

고구려 벽화

남포시는 고구려 벽화의 도시다. 강서세무덤, 덕흥리 무덤, 수산리 무덤이 남포시에 있다. 강서세무덤은 6세기 말에서 7세기 중엽의 고구려 무덤이다. 크기가 거의 비슷한 3기의 돌칸흙무덤이 정삼각형 모양으로 배치되어 있다. 남쪽에 있는 제일 큰 것이 강서큰무덤이고, 그 뒤에 나란히 놓인 두 무덤 가운데 서쪽의 것이 강서중무덤, 동쪽의 것이 강서작은무덤이다. 큰무덤과 중무덤은 고구려 말기의 왕릉급 무덤으로서 매우 화려하게 꾸며졌다. 큰무덤과 중무덤의 벽화는 오늘날까지 알려진 1백여 기의 고구려 벽화 무덤 중에서 가장 우수한 사신도(백호, 주작, 현무, 청룡) 그림이다. 큰무덤의 청룡과 중무덤의 백호 그림은 고구려 미술의 걸작으로 꼽힌다. 강서세무덤은 2004년 유네스코 세계문화유산 목록에 등재되었다.

덕흥리벽화무덤은 5세기 초의 고구려 무덤이다. 이 무덤은 고구려의 대신이었던 〈진이〉라는 사람의 것으로서, 인물 풍속도가 그려진 두 칸 무덤이다. 벽화의 특징은 주인공이 벼슬을 지낼 때의 모습과 일상생활, 무사와 고구려

강서세무덤 대묘

귀족의 생활, 고구려 사람들의 신앙심과 설화까지 그 주제
가 다양하다는 것이다. 또한 묘지명(무덤에 묻힌 사람의 이
력을 무덤 안에 써넣은 것)을 비롯하여 매 벽화마다 해당하
는 설명 글이 있다. 벽과 천장에 6백여 자의 글귀가 있는데,
무덤의 문을 409년에 닫았다는 내용도 있다. 덕흥리벽화
무덤은 그 주인공과 축조 연대가 기록된 유일한 무덤이다.
2004년 세계문화유산으로 등록되었다.

수산리벽화무덤은 5세기 후반 고구려 귀족의 무덤이다.
수산리벽화무덤의 무덤 무지는 방대형으로 되어 있고, 무덤 칸이 무덤 안길과 안칸으로 이루어진 외칸무덤(외방무덤)이다. 수산리벽화무덤에는 인물과 풍속을 주제로 한 벽화가 그려져 있는데, 섬세하고 우아하며 아름답고 선명하다. 수산리벽화무덤 부근에는 이름난 고구려 벽화 무덤들이 많이 분포되어 있는데, 동쪽에는 강서세무덤과 덕흥리 벽화무덤이 있고, 동남쪽에는 약수리벽화무덤, 남쪽에는 쌍기둥무덤과 룡강큰무덤이 있다.

신의주

신의주는 평안북도의 도청 소재지이며 북한에서 가장 중요한 국경 관문도시이다. 이 도시는 〈조중 친선 다리〉로 중국 단둥시와 연결되어 있다. 주요 관광 입출국 지점의 하나로, 평양에서 신의주까지는 약 230킬로미터이다. 기계 공업과 화학 공업, 경공업이 두루 발달해서 공장이 많으며 과학, 교육, 문화 시설들도 다른 도시에 비해 많은 편이다.

조선 시대에는 명·청과 교류하던 무역 도시로 밀무역인 〈책문 후시(柵門後市)〉가 성행했고, 압록강 상류에서 전달된 목재 등도 거래되면서 번성해 〈의주 상인〉이 조선 상인의 대명사가 되었다. 관광적인 측면에서 관문도시 신의주는 북한의 특별한 기념품을 구입할 수 있는 곳이다. 하나는 평안북도미술창작사의 그림이고, 다른 하나는 신의주화장품공장에서 만든 천연 화장품이다.

1968년에 창립된 평안북도미술창작사는 인민예술가, 공훈예술가들의 우수한 미술 작품을 전시·판매하고 있다. 1949년에 창설된 신의주화장품공장은 〈일상생활에 절실히 필요한〉 화장 크림, 머릿기름, 향수 등을 생산한다. 〈봄향기 화장품 전시장〉을 새로 꾸리고 수십 종의 〈봄향기〉 화장품을 판매한다. 전시장에는 피부 분석실, 미안실, 광학 미안실을 갖추고 기능성 화장품과 치료 기구로 손님들에게 치료도 해준다고 한다.

3
황해도 권역
개성시부터 경암산·경암루까지

개성시

개성 관광은 남북 합의를 통해서 1년 정도 진행되었다.
2005년 8월 〈개성 시범 관광 합의서〉를 체결하고 세 차례
시범 관광을 실시한 후, 2007년 12월에 시작해서 2008년
11월까지 진행했다. 박연폭포, 관음사, 숭양서원, 선죽교,
고려박물관을 둘러보는 당일 관광 일정이었다.

개성은 고려의 수도였던 곳이다. 『북한의 도시를 미리
가봅니다』의 저자 박원호는 이런 개성을 〈결핍의 도시〉로
해석했다. 그의 해석을 옮겨 본다.

객관적으로 도시 외관 비교만으로도, 〈평양이 21세기
도시라면 개성은 18세기 도시〉라고 생각한다. 평양의 여
명 거리, 창광 거리 등은 초고층 살림집(아파트)들이 즐

비한 반면, 개성의 도심은 여전히 고려조의 도성인 개경을 떠올릴 정도로 대다수 기와집들 일색이다(물론 간선도로 양편에 우뚝 선 망루 같은 아파트를 제외하고 말이다). 생뚱맞게도 개성 시민 입장이라면, 이렇게 느낄 것 같았다. 〈평양의 시간만 서울의 시간과 함께 흐른다〉고 말이다.[4]

해주시

전라도라는 지명이 전주와 나주의 이름에서, 경상도는 경주와 상주의 이름에서, 충청도는 충주와 청주의 이름에서 따왔듯이, 황해도는 황주와 해주에서 그 이름을 따왔다. 해주는 한양, 평양, 전주, 개성과 함께 조선 시대 5대 도시로 꼽혔다. 백범 김구와 안중근 열사가 해주 출신이다. 조선 시대 다른 양반 도시처럼 해주도 소반을 남겼다. 그래서 나주반, 통영반, 충주반처럼 해주반도 격조 있는 소반으로 꼽힌다.

황석영의 소설 『장길산』의 배경인 해주는 아름다운 곳이다. 율곡 이이 선생이 증인이다. 그는 주자가 말년에 은거한 무이산을 노래한 「무이구곡가」의 오마주로 「고산구곡

4   박원호, 앞의 책, 51면

가」를 지어서 〈고산의 아홉 굽이 못을 사람들이 모르더니 /
풀을 베고 집을 지으니 벗들이 모두 모여드네 / 무이구곡을
생각하며 주자를 배우리라〉라는 시구를 남겼다. 고산의 구
곡은 해주 수양산 기슭의 아홉 구비 시내를 일컫는다. 분단
이후 북한 서해 함대 기지가 해주만에 들어서면서 해주는
북한의 대표적인 군사 도시가 되었다.

행정 구역으로는 황해남도 벽성군에 속하는 석담구곡은
경치가 아름다워 서해의 명승지로 꼽히는데, 해주와 가까
운 곳에 있다. 석담천의 맑은 물, 기암괴석과 벼랑들, 골짜
기마다 우거진 석담구곡은 사계절 모두 아름답다. 석담구
곡이라는 이름은 돌, 연못과 아홉 개의 골짜기라는 뜻으로,
길이는 8킬로미터에 달한다. 경치가 좋은 곳에 관암, 화암,
취병, 송애, 은병 등의 이름을 붙였다.

석담구곡 근처에는 소현서원이 자리 잡고 있다. 소현서
원은 율곡이 관직에서 물러난 뒤 제자를 가르쳤던 곳이다.
북한식으로 표현하면 〈봉건 유교 교육〉을 했던 곳이지만,
풍경 좋은 석담구곡과 함께 관광 자원으로 활용되고 있다.

구월산

구월산은 북한의 6대 명산 중 하나로 꼽는다. 예로부터

구월산 산마루에서 바라본 구월산성과 서문각

〈9월의 단풍이 유별나게 아름답다〉는 데서 그 이름이 유래
되었다. 옛 세대에게는 80년대 MBC에서 방영됐던 드라
마「3840 유격대」로 익숙한 구월산 유격대의 활동 무대이
기도 하다. 조선국제려행사에 따르면, 이곳은 〈조선(북한)
인민군들의 헌신적인 투쟁에 의하여 인민의 휴양지, 관광
지로 훌륭히 꾸려졌다〉고 한다. 평양과 가까워서 북한 주
민에게도 이름난 관광지다. 평양에서 구월산까지는 1백여
킬로미터인데, 남포시를 거쳐 서해 갑문을 지나가야 한다.

명산 구월산에는 1백여 킬로미터의 탐방로가 있고, 수십 개의 정각, 부감대 등 절승경개(絕勝景槪)가 있으며, 구월산성, 삼성사, 월정사, 안악 3호분을 비롯한 많은 역사 유적이 있다. 안악 3호분은 고구려 21대 왕인 고국원왕의 무덤이다. 4세기 중엽에 만들어진 이 무덤은 고구려 무덤 중에서 그 규모나 벽화의 다채로움으로 유명하다. 무덤의 실내는 언덕을 파내고 반지하에 돌을 쌓아 만든 문칸, 앞칸, 동서의 두 곁칸, 안칸, 회랑 등으로 이루어져 있다. 이런 복잡한 구조는 고구려의 웅장하고 화려한 주택을 그대로 옮기려는 데서 비롯된 것이다. 벽화에는 왕궁 생활이 묘사되어 있는데, 행렬도의 부감이 잘 표현되었다. 벽화와 고분의 기술적 성취에 대한 높은 평가를 바탕으로 2004년 세계문화유산으로 등록되었다.

장수산

황해남도 재령군과 신원군 사이에 위치한 장수산은 주봉인 보적봉의 높이가 745미터로 그리 높지는 않다. 하지만 천태만상의 기암절벽과 수많은 봉우리가 절경을 이루고 있어, 예로부터 〈황해금강〉이라고 불렸다. 장수산이라는 이름은 공기 좋고 물이 맑으며 약초가 많아, 이 지방 사람들이 오래 산다는 데서 유래되었다. 봄철에는 진달래꽃과 철쭉꽃이 온 산을 붉게 물들여 홍악산으로, 여름에는 녹음이 우거져 청악산으로, 가을에는 단풍이 물들어 풍악산으로, 겨울에는 눈꽃이 하얗게 피어나고 봉우리마다 흰 눈이 덮여 백악산이라고 불렸으며, 꿩이 많다고 하여 치악산이라고도 했다. 열두굽이지구와 묘음사지구, 장수산성지구로 나뉘어 있다.

세심폭포, 약수폭포, 삼형제바위, 현암, 장수산성을 비롯해 이름난 경관과 역사 유적이 많다. 그중 장수산 열두굽이의 첫 입구에 자리 잡고 있는 현암이 유명하다. 이 일대에서 제일 큰 절이었던 묘음사에 속한 현암은 120미터나 되는 높은 절벽 위에 달아매듯이 지은 암자로, 〈다람절〉이라고도 부른다. 앞면은 6간, 옆면은 3간으로 높은 벼랑에 지은 건축물치고는 넓은 편이다. 10세기 이전에 세워진 건물로 통일신라 말과 고려 초기의 건물 양식을 보여 주는데, 조선 중엽에 중건되었다.

수양산

황해남도 해주시와 신원군의 경계에 있는 수양산은 바다와 어우러져 풍광이 멋진 산이다. 최고봉인 설류봉(946미터)을 중심으로 동쪽에는 박달봉, 남동쪽에는 장대산, 남

쪽에는 주계봉, 남서쪽에는 매봉산, 서쪽에는 책암산, 북
숭산 등의 산군을 이루고 있다. 수양산의 서쪽 비탈면으로
는 신광천이, 남쪽 비탈면에서는 광석천이, 동쪽 비탈면에
서는 읍천이, 북쪽 비탈면에서는 재령강의 지류가 흘러내
린다. 이 하천에는 해주 8경 중 하나로 꼽히는 수양산폭포
를 비롯해 복호포, 잠양포 등 폭포가 많다.

조선국제려행사는 〈봄이면 진달래꽃과 철쭉꽃들이 활
짝 피어 연분홍색의 꽃구름을 이루고, 여름이면 여러 종류
의 키나무들이 숲을 이루어 짙은 풀색으로 단장되고, 가을
이면 단풍나무, 참나무, 박달나무, 들메나무, 오리나무 등
활엽수가 울긋불긋 단풍으로 불타고, 눈이 내리는 겨울에
는 설경을 펼쳐 놓아 그 모습이 아름답다〉라고 수양산을 홍
보한다.

정방산

황해북도 사리원시에 있는 정방산은 산마루가 서로 잇닿
아 정방형을 이루고 있다는 데서 그 이름이 유래되었다. 해
발 481미터로 높지는 않지만, 주변 산보다 우뚝하고 넓은
재령벌을 끼고 있어 두드러진다. 기묘한 봉우리와 기암절
벽이 울창한 수목과 잘 어우러져 아름다운 정방산에는 노

루, 오소리, 너구리, 다람쥐, 꿩, 매 등 여러 종류의 동물이 서식하고 있다. 험한 산세를 이용해 쌓은 정방산성은 황해도 최고의 요새로 꼽힌다. 정방산에서 가장 유명한 역사 유적은 풍경 소리가 그윽한 성불사이다. 고려 시대에 건축된 성불사에는 응진전, 극락전, 명부전, 청풍루, 운하당, 산신각과 석조물인 5층탑이 남아 있다.

경암산과 경암루

황해북도 사리원시의 중심부에 있는 경암산은 해발 140미터로 낮은 산이지만, 주변이 벌판이라 우뚝 솟은 느낌을 준다. 산 북쪽에 봉황새의 변두와 같이 생긴 바위가 있다고 하여 〈봉황산〉이라고 불리기도 했다. 어디에서 보나 원추모양의 독특한 형태인 경암산에서는 사리원시를 한눈에 내려다볼 수 있다. 경암산에는 물맛이 좋고 병 치료에 효과가 있는 경암산 샘물이 있다. 경암산에 있는 경암루는 조선왕조 초기에 지은 누정(누각과 정자)으로, 원래 인근 봉산군에 있던 것을 1917년에 지금의 위치로 옮겼다. 〈겹처마합각지붕〉을 이은 아담한 경암루는 모루단청 등의 장식이 아름다운 곳으로 유명하다.

4
백두산 권역
백두산부터 양강도까지

백두산

금강산 다음은 백두산 관광이다. 2007년 11월 현정은 현대
그룹 회장 일행은 평양을 방문해 〈백두산 관광 합의서〉를
체결함으로써 백두산 관광의 발판을 마련하고, 그해 12월
백두산 답사까지 진행했지만 이후 진행되지 못했다.

북한에서는 성과를 내거나 두각을 보이는 당 간부가 포
상 휴가를 받을 때 주로 가는 곳이 백두산이다. 내각의 노
동성 휴양관리국이 이를 관리하는 것으로 알려져 있다. 당
간부들이 백두산 관광을 가면 반드시 들르는 곳 중 하나가
백두산 밀영이다. 김정일 국방위원장이 태어났다고 하는
귀틀집, 항일 빨치산들이 구호를 새겼다는 〈구호나무〉 등
을 볼 수 있다.

북한에서 백두산지구란 백두산을 중심으로 양강도 일대

의 혁명 전적지와 사적지, 그리고 명소를 포괄하는 관광지구이다. 북한은 백두산, 밀영, 삼지연, 청봉숙영지, 무포숙영지, 리명수폭포, 보천보 혁명 전적지는 물론 인근의 대홍단군, 혜산시까지 관광 벨트로 묶어 개발하고 있다.

백두산에는 장군봉(2,750미터)과 향도봉(2,712미터)을 비롯해 해발 2천5백 미터 이상의 높이를 가진 봉우리가 20개 정도 있다. 백두산지구는 대부분이 울창한 천연 밀림지대로 자연 풍치가 수려하다. 천지와 리명수폭포를 비롯해 장쾌하고 아름다운 명소가 많다. 한반도에서 가장 춥고 겨울과 여름의 기온 차이가 심한 지역이다. 삼지연시의 연평균 기온은 0.4도 정도이다.

천지

백두산 정상에 자리 잡은 호수로, 둘레는 14.4킬로미터이고 최대 수심은 384미터이다. 예로부터 큰 못이라는 뜻에서 〈대택〉 또는 〈대지〉라고 불렸고, 그 존재가 성스럽다고 하여 〈천지〉라고도 불렸다. 이 세상의 모든 못을 다스리는 룡(용)이 산다는 의미에서 〈룡담〉 또는 〈룡왕담〉이라고도 불렸다.

천지의 물은 초록색을 띠며, 맑고 깨끗하다. 천지 호반

백두산 천지와 만병초

풍경의 특색 중 하나는 호수 밑바닥까지 들여다보일 정도
로 맑고 투명한 얼음판이 펼쳐지는가 하면, 호반에 천태만
상의 기묘한 얼음 조각들이 생긴다는 것이다.

천지에는 천연기념물인 천지산천어 등 수서 동물과 떠
살이식물(부유 식물), 수중 식물들이 있다. 천지 주변에는
눈 속에서도 피는 만병초와 들쭉나무 등 수십 종의 고산 식
물이 있다. 천지의 물이 지하수 형태로 장군봉과 향도봉 사
이로 흘러 백두산 사슴폭포, 사기문폭포, 형제폭포로 떨어
져 압록강의 시원을 이룬다.

백두산 폭포

백두산에는 크고 작은 폭포들이 있다. 백두폭포는 주봉인 장군봉에서 남동쪽으로 약 2킬로미터 떨어진 곳에 있다. 높이가 18미터인 이 폭포는 화산 분출 때 용암이 골짜기로 흘러들며 겹겹이 쌓여 계단이 생기면서 형성되었다. 압록강의 발원지인 샘에서 흐르기 시작한 물이 가파른 골짜기를 따라 흐르다가 바위벽으로 떨어지면서 폭포를 이룬다. 폭포 아래에는 둘레가 20미터인 소(沼)가 있다. 대각봉에서 올려다보면 장군봉을 배경으로 마치 흰 비단필을 드리운 듯하며, 남동풍이 불 때면 바람에 물방울이 부서져 물안개로 변하면서 칠색 무지개가 비친다고 한다. 단풍이 지는 가을에는 은빛 고드름이 줄줄이 달려 신기한 경치가 펼쳐진다.

리명수폭포도 유명하다. 압록강의 지류인 리명수 기슭에 있다. 천지의 물이 지하수로 흘러나와 벼랑 중턱의 뚫린 구멍을 통해 쏟아져 내리는 특이한 폭포이다. 기본 물줄기는 아홉 개이며, 이 물줄기 사이에 구슬처럼 흘러내리는 수십 개의 작은 폭포가 있다. 물줄기가 갈라져 내리다가 다시 모여 하나의 물줄기를 이루기도 한다. 리명수폭포 경치에서 절정을 이루는 것은 설경이다. 폭포 아래의 들쑥날쑥한

(위) 백두폭포
(아래) 삼지연읍 삼지연

얼음 기둥이 신비경을 펼치고 폭포 주변에 서리꽃이 활짝 핀다.

삼지연

삼지연은 양강도 삼지연시로부터 북쪽으로 4킬로미터가량 떨어진, 백두산 천지의 남동쪽에 있는 세 개의 호수이다. 둘레는 2.3킬로미터, 최대 수심은 3.8미터 정도이다. 삼지연은 북쪽으로 흐르던 강이 백두산과 그 주변 화산이 분출할 때 흘러나온 용암에 막혀서 생기게 되었다. 삼지연은 한반도에서 기온이 가장 낮은 지역 중 하나로 부근에 자작나무, 이깔나무, 분비나무, 봇나무 등이 자라고 있다. 고산 지대에서만 볼 수 있는 들쭉나무, 만병초, 물싸리를 비롯해 여러 가지 떨기나무들도 자란다. 이 일대에서만 볼 수 있는 수백 년 이상 된 이깔나무(잎갈나무)와 30여 종의 희귀한 나무들도 있다.

숲속에는 북한의 천연기념물인 삼지연사슴, 삼지연메닭 등 희귀한 동물들이 있다. 호수에도 수십 종의 생물이 있는데, 그중에서도 삼지연의 붕어는 고산 지대에서 사는 특산종으로 천연기념물로 등록되어 있다. 이 밖에도 호수에는 종개, 버들치, 산천어 등이 서식하고 있다.

삼지연시

백두산 관광의 관문이다. 2018년 남북정상회담을 위해 문재인 대통령이 북한을 방문했을 때도 이곳 삼지연공항에 내려서 백두산에 올랐다. 삼지연공항에서 장군봉까지 자동차로 이동한 뒤, 장군봉에서 천지까지 케이블카를 타고 올랐다. 이 경로가 백두산 관광의 북측 표준 경로라고 할 수 있다.

삼지연지구는 원산갈마지구와 함께 김정은 위원장이 가장 공을 들이고 있는 곳으로, 〈사회주의 이상향〉을 만들겠다면서 2019년 기존의 삼지연군에서 삼지연시로 승격시켰다. 현재 삼지연지구에는 국제 경기를 치를 수 있을 정도의 수준급 스키장도 건설되어 있다. 〈백두산 체육촌〉에는 스키 슬로프를 비롯해 스케이트장과 아이스하키장이 있다.

양강도

원래 함경도였던 이곳은 북한이 행정 구역을 개편하면서 새롭게 도가 되었다. 양강도는 백두산을 분수령으로 동서로 흐르는 두만강과 압록강 사이에 놓여 있다고 해서 불린 이름이다. 산이 많은 지역으로 해발 고도가 높다. 개마고원 대부분이 양강도에 속한다.

5
개마고원 권역
개마고원부터 삼수갑산까지

개마고원

자, 다음 권역은 개마고원이다. 일단 백두산은 개마고원에 속하지 않는다. 개마고원은 양강도 삼수군, 갑산군, 풍산군, 장진군의 용암 대지다. 백두산은 백두고원에 속하고 개마고원에 속하는 곳은 장진고원이나 부전고원 등이다. 〈한국의 지붕〉이라고 불리는 개마고원은 서쪽으로 낭림산맥, 동쪽으로 마천령산맥, 남쪽으로 함경산맥과 경계를 이룬다. 허천강, 장진강, 부전강 등 여러 하천이 북쪽으로 흘러 압록강에 합류한다.

히말라야 랑탕 트래킹을 했던 문재인 대통령이 북한에서 가장 가고 싶은 여행으로 꼽았던 것이 개마고원 트래킹이다. 개마고원에는 백산, 연화산, 북수백산, 대암산, 두운봉, 차일봉, 대덕산 등 2천 미터 이상의 높은 산이 즐비하

양강도의 개마고원

다. 하지만 이런 산이 우리에게 익숙한 우락부락한 모습이
아니라 고원에서 바라보면 경사가 완만한 구릉으로 보인
다고 한다. 2천 미터 이상의 고산 지대에서는 눈잣나무, 눈
측백, 만병초, 산진달래, 담자리꽃나무 등이 자라며, 트래
킹 마니아들의 천국이 될 조건을 두루 갖추고 있다.

해발 고도가 일반적으로 1천2백~1천3백 미터인 개마고
원은 8월 평균 기온이 18~20도로 여름에는 시원하지만,
대륙성 기후라 겨울에는 몹시 춥다. 1월 평균 기온은 영하
15도 내외이고 최저 영하 40도까지 내려간다. 조선 시대의

기록을 보면, 백산의 경우 〈음력 5월이 되어야 잔설이 녹으며 음력 7월이면 다시 눈이 내린다〉고 나와 있다. 함경산맥이 동해로부터의 습기를 차단해서 연 강수량이 6백 밀리미터 내외로 건조한 편이다.

개마고원은 무산고원의 삼림 지대에 연속되어 낙엽송, 잎갈나무, 전나무, 가문비나무, 잣나무 등의 침엽수와 일부 활엽수의 원시림이 울창하고, 하천을 통한 재목의 운반이 편리하여 임업 중심지를 이루고 있다. 조선 시대 때 이곳의 목재는 혜산진과 신갈파진으로 옮겨졌다가 압록강을 따라 뗏목으로 운반되었다.

남북 교류가 활발해지면 개마고원은 술과 미식의 고장으로 거듭날 수 있을 것이다. 주요 식량 작물로는 감자와 귀리가 있고, 대마와 아마, 홉 등 특용 작물이 재배되고 있기 때문이다. 게다가 구릉이 넓어서 갑산 지방을 중심으로 소를 많이 키우며, 서늘한 기후를 이용하여 양도 많이 기른다. 개마고원은 행정 구역상으로 양강도와 거의 일치하며, 북한은 양강도의 40퍼센트를 국제관광특구로 꾸리려고 하는데, 그 면적이 6천5백 제곱킬로미터에 달한다.

삼수갑산

앞서 언급했듯, 〈삼수갑산을 가더라도 먹고나 보자〉라는 속담이 전하는 삼수갑산은 조선 시대의 대표적인 유배지이다. 이런 산간 오지에 가더라도 일단 먹고나 보자는 말은 어려운 상황일지라도 차분해지자는 의미로 해석할 수 있다. 〈삼수갑산〉이라고 하면 하늘을 나는 새조차 찾지 않던 산간벽지로, 한번 가기만 하면 다시는 돌아오지 못할 곳의 대명사였다. 이 삼수갑산이 개마고원에 속한다.

삼수(三水)는 〈세 강이 합류하는 곳〉(부전강, 장진강, 허천강)이라는 의미로 함경남도 삼수군 지역을 말하고, 갑산(甲山)은 〈산들이 겹겹이 갑옷을 입은 듯〉이라는 의미로 함경남도 갑산군을 일컫는다. 일제 강점기 시절 일본인들은 이 산간 오지를 수력 발전소로 개발했다. 부전강, 장진강, 허천강의 풍부한 수자원을 이용해 유역 변경식 수력 발전소를 세워서 이 전력으로 흥남 공업 단지를 조성했다. 『북한의 도시를 미리 가봅니다』를 쓴 박원호는 〈수력 발전을 위한 댐을 만들어서 세 강은 인공 호수로 변했다. 또한 천연 호수로 낭림호, 풍서호, 황수원저수지, 내중저수지 등이 있다. 여름에는 호수에 비친 산 그림자로 인해, 또 겨울이면 얼음 호수를 덮는 백설로 인해 개마고원의 풍광은 더

욱 풍부하게 된다)⁵라고 하면서, 이 지역이 명승지로 각광
받을 것을 예고했다.

5   박원호 블로그 〈박하의 북한읽기〉 중 「개마고원 편: 개마고원의 잠재
력, 수력발전에서 장진호 평화공원까지」

6
칠보산(청진시) 권역
칠보산부터 나선특별시까지

칠보산

북한의 6대 명산 중 하나인 칠보산(七寶山)은 〈일곱 가지 보물이 묻혀 있다〉고 하여 그 이름이 전해지고 있는 산이다. 그 보물 중 하나가 앞서 북한의 10대 음식으로 소개한 칠보산 송이버섯인데, 남북정상회담 전후로 북에서 오는 선물은 대부분 이 송이버섯이다. 일단 조선국제려행사가 자랑하는 칠보산의 매력을 들어 보자.

맑고 푸른 동해 바닷가에 장엄한 기상으로 하늘 높이 솟은 기묘한 봉우리들과 깎아지른 듯한 절벽, 기암괴석과 울창한 수림으로 뒤덮인 깊고 깊은 골짜기들로 일만 경치를 펼친 칠보산은 조선(북한) 인민의 자랑이다. 병풍을 두른 듯한 신비스럽고 웅장한 바위 풍경, 사시장철

푸르른 소나무 숲, 봄날에 활짝 핀 진달래와 가을철 만산에 붉게 물든 단풍이 어울려 절승 경개를 이루고 있다.

칠보산의 여러 보물 중 가장 인상적인 것은 독특한 모양의 바위들이 만들어 내는 이국적인 풍경이다. 여러 가지 모양의 돌문, 돌굴, 그리고 기암괴석의 협곡이 경이로움을 자아낸다. 칠보산의 매력은 산 경치와 바다 경치를 모두 다 안고 있다는 점인데, 지역적으로 크게 내칠보, 외칠보, 해칠보로 나뉜다.

칠보산은 중국 관광객이 많은 곳이다. 중국 투먼에서 출발해 회령-칠보산-청진-경성(온천)을 3박 4일 동안 둘러보는 관광이 꽤 인기 있다고 한다. 2011년에 개시된 이후 인기가 있어서 계속 개선되었다고 한다. 중국 여행사들은 〈바다 풍경을 즐기고, 신선한 해산물을 맛보고, 해수욕을 즐기고, 온천욕도 즐기고, 명산에 올라 보고, 민속도 체험할 수 있다〉며, 이 여행을 홍보했다고 한다.

칠보산은 북한 주민들에게도 인기 있는 여행지로, 우리처럼 관광버스를 타고 와서 여행하는 곳이다. 칠보산과 청진 일대는 산과 평지와 바다가 두루 발달해 주민들의 소득 수준이 높으며, 평균적인 북한 주민보다 윤택한 생활을 누리고 있다고 한다. 칠보산의 숙소로는 외칠보려관이 유명하다. 외칠보의 장수봉 구역에 있는데, 규모는 크지 않지만 멀리 그리고 가까이에 두루 기암절벽을 두고 맑은 계곡물이 흐르는 소리를 들을 수 있어 관광객을 힐링시켜 준다.

내칠보, 외칠보, 해칠보

내칠보는 내륙 쪽에 펼쳐진 칠보산의 명승구로, 개심사 구역, 상매봉 구역, 내원암 구역, 이선암 구역으로 이루어져 있다. 개심사 구역은 내칠보에서 중심을 이루는 곳으로, 절경으로 이름난 승선대와 오랜 역사를 자랑하는 불교 사찰 개심사가 있다. 내칠보의 보탁산에 자리 잡고 있는 개심사는 발해 시기인 826년에 세워졌다. 그 후 여러 차례 개보수를 거쳤는데, 대웅전과 만세루, 심검당, 음향각, 관음전, 산신각으로 이루어졌다. 대웅전이 서쪽으로 향하고 있는 것이 특징이며, 만세루 청동종을 비롯해 대웅전의 불상과 탱화가 잘 보전되어 있고, 특히 용 조각이 섬세한 것으로 유명하다. 개심사 주변에는 천연기념물인 6백여 년 된 약밤나무와 칠보산 조릿대가 무성하게 자라는 밭이 있다.

외칠보는 내칠보에서 내려와 바다 쪽으로 나가는 길 사이에 펼쳐진 명승구이다. 내칠보가 수려하고 의젓한 자태를 뽐낸다면, 외칠보는 산세가 더 높고 기묘한 바위들이 우뚝우뚝 솟아 장중한 느낌을 준다. 외칠보는 만물상 구역, 장수봉 구역, 로적봉 구역, 다폭동 구역, 강선문 구역, 덕골 구역으로 이루어져 있다. 외칠보의 중심이라고 할 수 있는 조약대에는 정각이 세워져 있는데, 여기에서 만물상의 경치를 한눈에 부감할 수 있다.

해칠보는 40킬로미터 구간의 바닷가에 펼쳐진 명승구이다. 기묘한 절벽과 우뚝 솟은 기이한 섬들, 바닷물에 씻기고 다듬어진 기암들과 여기에 동해의 푸른 물결이 끝없이 밀려와 부딪쳐 물보라를 날리는 바닷가 풍경은 금강산 해금강의 경치도 따르지 못할 절경이다. 해칠보는 솔도 구역, 탑고진 구역, 무수단 구역으로 이루어져 있는데, 그중에서도 무수단 구역이 으뜸으로 꼽힌다. 해칠보의 경치는 배를 타고 나가 바다에서 보는 것이 좋다.

청진시

청진은 동해 바닷가에 자리 잡은 함경북도의 소재지이다. 북한의 주요 공업 도시로, 북한 표현에 따르면 〈나라의 경제 발전에서 중요한 역할을 하는 흑색금속공업 기지〉가 많은 곳이다. 청진이 공업 도시가 된 것은 근처에 최대 철

(위) 칠보산의 명승구 내칠보
(아래) 칠보산의 또 다른 명승구 해칠보

광석 광산인 무산광산이 있기 때문이다. 일제 강점기에는 미쓰비시광업과 일본제철이 합작으로 이곳 광산을 운영했다.

청진은 교육과 문화 시설도 다른 도시에 비해 많은 편이다. 요즘에는 북한의 대표적인 패션 도시로 꼽힌다. 북한의 패셔니스타 리설주가 바로 청진 출생이다. 북한에서 유일하게 평양 여성들의 패션에 대해 〈촌스럽다〉고 말하는 도시이기도 하다. 청진이 이렇게 패션의 도시가 된 것은 일본 구제 옷이 많이 들어왔기 때문이라고 말하는 사람들이 있다.

청진은 대표적인 해양성 기후를 보이는 곳으로 안개가 자주 끼는 것이 특징이다. 연중 35~45일로, 대체로 6~7월에 안개가 많이 낀다. 연평균 기온은 7.6도 정도이지만, 겨울철은 내륙 지역보다 따뜻한 편이다.

나선특별시

한반도 동북부 끝자락에 자리 잡은 나선특별시는 나진만을 끼고 있는 항구 도시로, 동쪽에 두만강을 사이에 두고 중국, 러시아와 국경을 맞대고 있다. 평양에서 약 8백 킬로미터 떨어져 있으며, 서울-부산 거리의 두 배가 넘는다. 북한이 중계 무역, 가공 무역, 관광업을 발전시키기 위한 〈경제무역지대〉로 선정한 곳이다.

나선시 경제에 중요한 역할을 하는 곳이 나진항인데, 이곳을 통해 러시아, 중국, 몽골을 비롯해 유럽과 동남아시아의 여러 나라와 무역을 하고 있다. 인근에 선봉항과 웅상항이 있다. 북중 무역 루트는 단둥-신의주와 훈춘-나선 특구가 대표적인데, 훈춘-나선 특구 루트가 외부 노출이 적어더 다양한 거래가 이루어지는 것으로 알려져 있다.

섬이 많고 동번포, 서번포, 만포처럼 바다와 인접한 자연호수가 있어 목가적인 풍경을 만들어 낸다. 대표적인 동해명승지인 굴포해수욕장에는 구석기 시대의 유적도 있다. 연평균 기온이 7도 정도로 서늘한 나선시에는 식생이 독특해 천연기념물 보호구가 많다. 알섬 바다새 보호구, 우암물개살이터, 우암 검은벗나무 군락이 있으며 성게, 해삼, 게, 조개, 굴을 비롯해 수산 자원도 풍부하다. 굴포해수욕장에서 해수욕을 마치고 해산물 구이로 식사를 하는 것이 대표적인 관광 상품이다.

영랑호나 청초호처럼 바다와 연결된 서번포와 동번포를 북한에서는 〈바다자리호수〉라고 부른다. 서번포와 동번포는 남북으로 길게 늘어선 선인장 모양을 하고 있는데, 둘레가 40여 킬로미터에 이른다. 본래 하나의 만이었던 이곳은 오랜 세월 두만강의 퇴적물이 모랫둑을 이루어 호수가 되었다. 호수의 남쪽을 제외한 주변이 전부 산으로 둘러싸여 있어 풍경이 아름답다. 숭어, 황어, 붕어를 비롯한 물고기와 조개류, 새우들이 두루 서식하고 있다. 북한은 이곳이 〈호수미, 바다미, 산악미〉를 두루 갖추고 있다고 홍보한다.

여행지로서 나선특별시의 장점은 교통과 숙박이다. 나진-두만강-하싼 철도와 나진-훈춘 도로, 그리고 나진항-고성항 항로 등 기차와 도로, 여객선으로 두루 연결되어 있다. 무역 도시로 성장하면서 호텔 자원도 다른 곳에 비해 풍부한 편이다. 동명산호텔, 나진체육인호텔, 남산호텔, 나선관광호텔, 추진호텔, 비파단호텔, 승전봉호텔 등이 있다.

7
원산 권역
원산갈마 해안관광지구부터 함흥시까지

원산갈마 해안관광지구

북한의 바다로 가는 여행이라면 어디가 좋을까? 북한 조선 국제려행사에서 운영하는 〈조선(북한) 관광〉 웹 페이지 정보를 보자. 〈2014년 7월 말 조선 동해의 아름다운 마전과 시중호 바닷가에서는 처음으로 세계 여러 나라에서 온 관광객들이 파도타기 관광을 진행했다〉라고 홍보하고 있다.

북한 동해 바다 파도타기 관광은 1주일 정도의 일정으로 파도타기 외에 평양과 묘향산, 개성 등 북한 주요 관광지를 방문하는 일정이 포함되어 있다. 그럼 파도타기 관광객들이 묵을 숙소는 어디일까? 두 곳 정도 생각해 볼 수 있다. 한 곳은 금강산 관광을 위한 숙박 시설을 만들어 둔 장전항 일대이고, 다른 한 곳은 원산갈마 해안관광지구의 중심지 원산항이다.

언론 보도를 통해 원산갈마 해안관광지구는 남한에도 많이 소개되었다. 이 지역에 대한 북한의 관광 인프라 투자 규모는 엄청나다. 북한은 원산-금강산 국제관광지대를 원산갈마 해안관광지구, 마식령스키장지구, 울림폭포지구, 석왕사지구, 통천지구, 금강산지구로 나누었다. 연간 1백만 명 넘는 외국인 관광객을 유치한다는 게 북한의 목표이다. 원산갈마 비행장은 여객기 열두 대가 계류할 수 있는 공항으로, 활주로 길이는 3천5백 미터 정도이다. 하루 3천~4천 명, 연 120만 명이 이용할 수 있다.

원산갈마 해안관광지구에 대한 김정은 위원장의 관심과 애정은 정평이 나 있다. 계절에 한 번쯤 이 지역을 찾아 공사를 독려할 정도이다. 그가 이 지역에 대해 남긴 말들은 다음과 같다. 〈세상에 둘도 없는 해양 공원을 건설하여 인민들에게 선물하자〉, 〈건물들 사이의 연결을 더 조화롭고 특색 있게 함으로써 전반적 거리 형성을 예술적으로 세련시켜야 한다〉, 〈수압 시험, 강도 시험, 안전성 검사와 보이지 않는 부분들에 대한 시공 지도 및 질 감독 통제를 강화해야 한다.〉

하지만 공사는 난항이었다. 완공이 계속 늦추어졌다. 처음엔 2019년 4월 15일 태양절(김일성 생일)에 완공하려고 했지만, 2019년 10월 10일 노동당 창건 기념일로 늦추어졌다가 2020년 태양절로 다시 연기했다. 원산-금강산 일대를 국제관광지대로 발전시키기 위해 2억 달러 규모로 사업을 시작했는데, 제대로 하려면 80억 달러 정도가 소요될 것으로 예상하고 있다.

원산시

항구 도시 원산은 북한 강원도의 소재지로 대학 도시다. 원산에는 원산농업대학, 원산수산대학, 원산공산대학, 원산교원대학 등 대학이 많다. 그중 1948년 북한의 첫 농업대학으로 창립된 원산농업대학이 가장 유명하다. 〈농업 일꾼 양성 기지〉 역할을 하는 원산농업대학에는 박사원(북한의 최고 수준 연구자 양성 기관)과 연구소도 있다.

또한 원산은 관광 도시다. 관광지로는 도원유원지와 갈마반도의 명사십리 해변이 유명하다. 명사십리 일대가 원산갈마 해안관광지구로 개발되고 있다. 이곳 원산을 중심으로 마식령스키장, 금강산, 울림폭포, 시중호 등 명승지를 둘러볼 수 있다. 평양에서 원산까지는 약 2백 킬로미터이며, 버스나 기차로 갈 수 있다. 관광 도로를 따라 원산으로 가는 길에 신평휴게소가 있는데, 이곳의 풍치가 매우 아름답다.

명사십리

원산시 갈마반도의 남동쪽 바닷가에 있는 모랫둑이다. 길이가 10리(4킬로미터)나 되는 이름난 모래밭이라 하여 명사십리로 불린다. 모래밭의 너비는 좁은 곳이 0.7킬로미터, 넓은 곳이 1.3킬로미터 정도에 이른다. 명사십리의 북쪽 끝부분은 해발 1백 미터 안팎의 구릉이다. 이 구릉의 바다 쪽 기슭에는 벼랑이 있고, 그 주변에는 소나무와 잣나무, 참나무가 자란다. 모래밭에는 해당화가 무리 지어 있는데, 맑고 푸른 바다를 따라 백사장에 붉게 핀 해당화와 푸른 소나무가 아름다운 풍광을 자아낸다.

송도원

원산 시내에서 북서쪽으로 3킬로미터 떨어진 바닷가 명승지다. 송도원(松濤園)이란 높은 곳에서 내려다보면 〈소나무 우듬지가 파도치는 것처럼 보인다〉고 하여 붙여진 이름이다. 송도원은 아득히 펼쳐진 백사장과 맑고 푸른 동해의 물결, 그리고 우거진 솔숲이 어우러져 아름다운 풍경을 보여 준다. 송도원 전체 면적은 약 5백 정보(4.96제곱킬로미터)인데 해수욕장 구역, 장덕섬 유람 구역, 유람식 공원 구역, 솔밭 구역 등 10여 개의 명승 구역으로 나뉘어 있다.

마식령스키장

원산시 인근의 마식령스키장은 요즘 북한의 단체 여행 명소이다. 가족 단위로 이용할 수도 있지만, 초급·고급 중학생들과 대학생, 그리고 회사에서 성과를 낸 직원의 연수용으로 주로 활용된다. 물론 북한을 방문하는 외국 관광객들도 주 고객이다. 김정은 위원장이 경제 강국 건설의 모델로 제시한 원산관광특구 개발 계획의 한 사업으로 김 위원장은 마식령스키장을 중점 과업으로 삼았고, 여러 번 시찰한 바 있다. 2014년 1월 1일에 개장한 이후 데니스 로드먼, 안토니오 이노키 등 해외 유명인들을 초대하기도 했다.

시중호

원산-금강산 관광 도로를 따라가다 보면 바닷가에 있는 호수가 나타나는데, 그곳이 시중호이다. 북한은 이런 호수를 〈바다자리호수〉라고 부르는데, 원래 동해안 기슭의 작은 만이었던 것이 모래로 입구가 막혀 호수가 되었다. 둘레가 11.8킬로미터인 시중호는 풍경이 아름다워 북한의 천연기

념물로 등록되어 있다. 관광지로 개발되어 바다 관광, 호수 관광, 치료 관광 등이 이루어지고 있다. 치료 관광지로 이용되는 이유는 시중호 바닥에 4~5미터 두께의 질 좋은 치료용 감탕이 깔려 있기 때문이다. 감탕(질펀질펀한 진흙)에는 유화 철, 칼슘염, 마그네슘, 결정수화물 등이 섞여 있어 신경계통과 소화기 질병, 부인병, 기관지염, 피부염 등에 특효가 있는 것으로 알려져 있다.

울림폭포

원산시에서 서쪽으로 약 30킬로미터 떨어진 곳에 있는 폭포로, 벼랑에서 떨어지는 폭포 소리가 수십 리 밖까지 울린다고 하여 울림폭포라고 한다. 이 폭포는 2001년 도로 건설을 위해 측량하던 군인들에 의해 발견되었다. 흘러내리는 폭포의 장쾌한 모습과 병풍처럼 둘러선 기묘한 칼벼랑들, 그리고 천연 수림이 한데 어울려 조화를 이룬다. 높이 75미터 정도로, 폭포 아래에 반경 30미터가 되는 소(沼)가 있다. 발견 이후 울림폭포를 중심으로 새로운 관광지가 꾸려졌다. 울림폭포 인근에 구슬폭포와 비단폭포가 있는데, 두 폭포가 합쳐져 6단 폭포와 6개 담소를 이룬다.

원산 일대 숙소

명사십리 해변을 따라 거대한 리조트 단지가 조성되어 있는 원산은 앞으로 북한에서 숙박 인프라가 가장 좋은 곳이 될 듯하다. 이 갈마 해안관광지구의 모델이 싱가포르 마리나베이Marina bay라고 하는데,『북한의 도시를 미리 가봅니다』의 저자 박원호는 쿠바의 국제관광특구인 바라데로 Varadero를 벤치마킹한 것 같다고 분석했다. 필자가 보기에도〈올 인클루시브 리조트〉들이 줄지어 들어선 바라데로와 비슷한 방식으로 개발되고 있는 것 같다. 바라데로에는 미국 마피아의 전설 알 카포네의 별장도 있었다.

예전에는 원산시 해안 광장 앞에 있는 송도원려관이 손꼽히는 숙소였다. 여관이라는 이름과 달리 11층 건물로 방이 194개나 되었다. 연회장과 면담실, 영화관, 탁구장 등이 있고, 구내식당의 메밀국수와 돌불고기, 해산물 요리가 유명하다.

관광지로 개발되기 전 명사십리 해변은 북한의 대표적인 장사정포 훈련지였다. 그래서 이곳에 인민군 고급 장교 휴양소가 있다. 특히 명사십리를 따라 건설된 공군 비행장이 있어 공군 장교들이 주로 이용했는데, 이곳이 어떻게 활용될지 궁금하다.

강원도미술전람관, 세포등판지구, 천삼협동농장

원산의 명물 중 하나는 1995년 개관한 강원도미술전람관이다. 원산시의 경치 좋은 바닷가 기슭에 자리 잡고 있다. 규모는 크지 않지만 전람관에는 중앙과 지방의 관록 있는 미술가들이 창작한 조선화, 유화, 조각, 도자기 공예품이 전시되어 있다. 조선국제려행사는 〈작품들은 세련된 기교와 독특한 형상 수법, 진실하고 생동한 묘사로 이곳을 찾는 많은 손님의 깊은 감명을 자아내고 있다〉라고 광고하고 있다.

2017년 준공한 세포등판지구는 북한이 자랑하는 대규모 축산 농장이다. 강원도 세포군, 평강군, 이천군 일대의 고원 지대에 조성된 약 5만 정보(495제곱킬로미터) 넓이의 축산 기지로 스위스의 축산업을 벤치마킹한 곳이다. 목초지와 방풍림, 밭, 저수지, 축사와 방역 시설, 메탄가스 처리 시설, 사료 공장, 육가공 공장 등을 모두 갖췄다고 한다. 이곳에서 기른 소고기가 앞으로 유명해질 듯하다.

강원도 안변군에 있는 천삼협동농장은 감이 유명하다. 원래 농장에서 주로 재배하는 농작물은 벼, 강냉이, 남새(채소)이다. 그런데 감 산지로 유명해졌다. 농장의 모든 산과 언덕, 도로 주변, 살림집마다 감나무가 있다. 해마다 10월이면 농장의 모든 마을이 아름다운 감빛으로 물드는

데, 그 풍치가 정말 볼 만하다.

함흥시

북한 최고의 공업 도시 함흥은 북한에서 인구가 세 번째로 많은 도시다(얼마 전까지 2등이었다). 평양에서 함흥까지는 약 313킬로미터로, 서울-나주의 거리와 비슷하다. 한국전쟁 당시 미군의 폭격에 의해 파괴되었던 항구는 사회주의 국가들의 도움으로 정상화되었다. 특히 동독이 큰 역할을 했는데, 1백 명 이상의 기술자를 파견해서 도시를 체계적으로 재건했다.

일제 강점기 시절 함흥은 일본의 군수 기지로 건설되었고, 특히 화학 공업이 중심이었다. 1930년 설립된 흥남비료공장이 대표적이다. 〈눈보라가 휘날리는 바람 찬 흥남부두〉는 함흥의 항구다. 흥남비료공장 등 함흥에서 제조한 화학, 기계, 방직 제품이 흥남항을 통해 다른 도시로 이동했다.

『북한의 도시를 미리 가봅니다』의 저자 박원호는 함흥을 〈평양의 라이벌 도시〉라고 설명한다.

함흥은 평양의 라이벌이다. 함흥냉면의 맞수, 평면냉

면만이 아니다. 도시 규모보다 정서적으로 더 그렇다고 한다. 평양이 북한의 수도지만 함흥 사람들은 절대 기죽지 않는다고 한다. 북한 정권의 초창기 권력 투쟁 과정에서 평안도 출신과 함경도 출신이 앙숙이었다고 한다. 다음으로 1990년대 식량 위기 당시 함경도 지역을 홀대하는 바람에 더욱 악화되었다고 한다. 평양에 무궤도 전차가 있다면 함흥에도 무궤도 전차가 있다. 평양 역사가 거창하다면, 함흥 역사 역시 거창하다. 평양의대가 있다면 함흥의대가 있다. 또한 평양대극장이 있다면 함흥대극장이 있다.[6]

함흥하면 가장 먼저 떠오르는 것은 바로 함흥냉면과 함흥차사(咸興差使)다. 함흥 본궁은 조선 시대 〈형제의 난〉이후 이성계가 기거했던 곳이다. 그를 모시러 왔던 신하들이 바로 〈함흥차사〉다. 모시러 간 신하들마다 죽임을 당해서 함흥차사는 〈돌아오는 답이 없다〉라는 뜻이 되었다. 이성계가 말년에 풍류를 즐겼던 풍패루가 유명하다.

함흥시 동흥산에 있는 함흥성은 고려 시기의 성이다. 윤관 장군이 북관(함경도의 다른 이름)을 개척하고 설치한 아

6   박원호, 앞의 책, 142면~143면

홉 개의 성 중 하나로서 성 안에는 병영, 무기고, 식량 창고가 있었다. 이후 여진족을 막는 중요한 요새로 쓰였다. 성 안팎이 한눈에 보이는 가장 높은 곳에 북장대가 있었다. 북장대에는 북상루가 있었는데, 지금은 북상루 터에 구천각이 있다. 선화당은 함경도 감영 집무실로 쓰이던 건물로, 본당은 불타고 지금은 부속 건물만 남아 있다.

함흥 인근에서는 량천사(양천사)와 안불사가 유명하다. 량천사는 753년에 건립된 사찰로, 현재 대웅전과 만세루, 무량수전만 남아 있다. 량천사에는 당시 시대상을 반영한 진귀한 회화 작품이 원형 그대로 보존되어 있다. 안불사는 조선 왕조 시기의 사찰이다. 조선 왕조 설립 이듬해인 1393년에 건립되었는데, 중심 건물인 극락보전과 민적당이 보전되어 있다(1843년 중건). 절 뒷마당에 2천여 년 된 은행나무가 있어 유명하다.

함흥시에서 동남쪽으로 25킬로미터 떨어진 곳에 마전 유원지가 있다. 백사장이 아름다운 곳으로 야영소와 휴양소가 들어서 있다. 모래가 눈처럼 희고 폭이 넓은 곳은 1백 미터나 될 정도로 넓고, 물이 깊지 않아서 해수욕하기 좋은 곳으로 알려져 있다.

8
금강산 권역
내금강부터 해금강까지

금강산

금강산 관광은 1998년 10월 현대와 북한 아시아태평양평화위원회가 합의서를 체결한 후 11월부터 바로 해로 관광을 시작했다. 2003년 9월부터 관광버스를 활용한 육로 관광이 시작되었고, 2008년부터는 자가용을 타고 갈 수도 있게 되었다. 동해북부선 철도가 연결되어 금강산 관광객을 실어 나를 계획이었지만 실행되지 못했다. 2008년 7월 관광객 피격 사건으로 중단된 후 재개되지 못하고 있기 때문이다.

10년 동안 금강산 관광을 이용한 관광객 수는 총 195만 5천 명이었다. 북한은 2010년 4월 금강산 관광지구 내 이산가족 면회소 등 정부 자산 다섯 개를 몰수하고, 현대아산과 협력 업체 소유 부동산에 대한 동결 조치를 단행했다.

또한 금강산 관광지구 내 인력을 대부분 철수시켰다.

2012년 남측 정부가 금강산 국제관광사업을 방해한다고 비난하면서, 중국 관광객의 금강산 관광을 시작하며 아난티골프장 등 시설을 활용했다. 2013년 북한이 금강산 실무 회담 개최를 제의하고, 2019년 신년사에서 〈전제 조건이나 대가 없는 금강산 관광 재개 용의〉를 언급한 바 있지만, 여전히 중단된 상태이다.

금강산 관광의 기본 형태

육로를 통한 금강산 관광은 부산에서 출발하는 버스를 기준으로 통관 및 휴게소를 포함하면 숙소까지 열두 시간가량 걸렸다. 금강산 청년역 근처의 관광특구에서 머무르며 셔틀버스를 타고 이동하면서 금강산 관광 스케줄을 진행했다. 관광을 하고, 서커스와 교예단(곡예단) 공연을 보고, 금강산 온천에서 피로를 푸는 것이 기본 일정이었다. 관광객이 다니는 금강산 지역에서는 원화로 결제가 가능했으며, 한국 편의점도 두 곳 있었다. 쇼핑 물품 중 가장 인기가 좋은 것은 들쭉술이었다.

초창기에는 북한의 군사 시설이 많은 내금강은 개방되지 않았는데, 사실 만폭동, 단발령 등 금강산의 핵심은 내금강이어서 관광객들의 불만이 많았다. 그런데 2007년 5월부터 제한적으로 열렸다. 그러나 정상으로 가는 비로봉 코스는 금강산 관광이 폐지되는 날까지 일반 관광객에게 개방되지 않았다.

내금강

주요 명승: 단발령, 장안사, 명연, 삼불암, 백화암, 표훈사, 정양사와 혈성루, 천일대, 만폭동, 분설담과 진주담, 보덕굴, 마하연, 묘길상, 명경대, 영원암, 백탑동, 원통암, 수미탑

금강산 서부 지역에 펼쳐진 명승 지구이다. 계곡미를 자랑하는 만폭 구역을 비롯하여 만천, 백운대, 명경대, 망군대, 비로봉, 태상, 구성 구역으로 나누어진다. 그중에서 만폭 구역은 헤아릴 수 없는 층암절벽과 폭포, 봄철에 만발한 꽃들과 여름의 짙은 녹음, 만산에 물든 가을 단풍과 한 폭의 동양화 같은 설경 등 어느 계절에 가서 보아도 아름다운 곳이다.

금강산은 불교 성지이기도 한데, 내금강 만폭동 미륵대 절벽에 새긴 묘길상은 우리나라의 돌부처들 중 가장 크고 조형미가 뛰어난 작품 가운데 하나이다. 부드러우면서도 섬세한 얼굴, 올방자(책상다리)를 하고 앉은 생동감 넘치

는 모습은 고려 사람들의 예술적 재능을 잘 보여 준다. 내 금강 만폭동에는 뛰어난 건축술을 볼 수 있는 보덕암이 있다. 보덕굴 앞 바위에 의지하면서 높이 20미터가 넘는 절벽에 구리 기둥 하나로 받쳐 세운 단칸 건물이다. 고구려 시대에 세운 절로 1675년에 중건되었다.

외금강

주요 명승: 만물초, 신계사, 비봉폭포, 구룡연, 발연과 치폭, 은선대, 유점사, 효운동, 외선담

금강산의 주봉인 비로봉을 중심으로 하여 남북으로 뻗어나간 연봉과 해안을 따라 길게 펼쳐진 해금강 사이를 포괄하는 명승 지구이다. 외금강 지역은 금강산 관광이 시작되는 온정리를 중심으로 구룡연 구역, 만물상 구역, 수정봉 구역, 선하 구역 등 11개의 명승 구역으로 나뉜다.

만물상 구역은 금강산의 절경 가운데서도 특이한 경치를 보여 주는 명승 구역이다. 세 신선이 놀고 갔다는 삼선암의 정성대에 올랐다가 안심대를 지나 망장천 샘물로 목을 축이고 하늘문으로 빠져 천선대에 이르면, 만물의 신기한 모양을 한자리에서 다 감상할 수 있는 만물상이 펼쳐진다.

(위) 내금강 구성 구역
(아래) 외금강 만물상 구역

수정봉 구역은 수정봉을 중심으로 한 명승 구역이다. 계곡에 자리 잡은 자라바위, 수정문, 강선대를 거쳐 수정봉 전망대에 이르게 된다. 해가 뜨기 전에 오르면 동해의 장쾌한 해돋이를 한눈에 볼 수 있다. 수정봉은 사방이 탁 트여 고성읍과 온정리, 그 앞에 펼쳐진 바다는 물론이고, 비로봉과 금강산의 만 가지 경치를 한눈에 바라볼 수 있다.

구룡연 구역은 외금강의 으뜸가는 명승 구역으로 천연기념물로 등록되어 있다. 금강산을 지키는 아홉 마리의 용이 여기서 살았다는 전설에서 유래되어 〈구룡폭포〉, 〈구룡연〉이라고 불린다. 폭포의 위 골짜기에는 경치가 좋고 물이 맑아 하늘에서 선녀들이 내려와 목욕하고 올라갔다는 상팔담이 있다.

금강산 3대 폭포 중 하나인 구룡폭포를 비롯해 구룡연, 상팔담, 비봉폭포 등이 유명하다. 높이가 74미터인 구룡폭포 아래에는 돌절구 모양의 구룡연이 있다. 조선국제려행사는 구룡폭포를 〈하늘땅을 뒤흔드는 듯한 폭포 소리, 흰 비단필을 드리운 듯한 물기둥의 아름다움〉을 간직한 곳으로 묘사한다. 폭포 맞은편에는 장쾌한 폭포를 부감할 수 있는 관폭정이 있다.

(위) 해금강의 명승지 총석정
(아래) 해금강 총석정 구역의 명물 와총

해금강

주요 명승: 삼일포, 해산정, 해금강, 영랑호, 현종암, 구선봉과 감호, 총석정, 천도, 금란굴, 시중대

아름다운 호수와 바다 경치로 이름난 명승 지구이다. 삼일포 구역, 총석정 구역, 해금강 구역으로 되어 있다. 이 지구에서는 다른 명승 지구와 달리 그림 같은 바닷가 경치와 수정같이 맑은 바다의 만물상도 보게 된다.

온정리 동쪽의 삼일포는 아득한 옛적에 왕이 하루 놀러 왔다가 경치에 심취되어 3일을 놀고 갔다는 전설이 있다. 삼일포란 이름도 그 전설에서 유래되었다. 들여다보면 마음속까지도 비치는 듯한 맑은 물결, 호수를 둘러싼 울창한 녹음이 한 폭의 그림을 방불케 한다. 삼일포에는 와우섬, 사선정터, 단서암, 목선대가 있고, 둘레에는 장군대, 봉래대, 련화대(연화대), 금강문 등이 있다. 이곳에서는 뱃놀이도 할 수 있고, 호수 주위의 바위산을 연결하는 탐방로를 걸을 수도 있다.

기이하게 생긴 수많은 돌기둥이 동해 바닷가에서 우뚝 솟아 있는 총석정은 해금강의 대표적인 명승지다. 금강산의 기암 줄기가 바다에 뛰어든 듯 돌기둥들을 바다 위에 펼쳐 놓았다. 오랜 세월 현무암이 바닷물과 비바람에 씻기고

깎여 신비로운 풍경을 만들어 냈다. 돌기둥은 와총(누워 있는 돌기둥), 좌총(앉아 있는 돌기둥), 립총(입총, 곧바로 서 있는 돌기둥)으로 불리는데, 8백 미터 구간에 걸쳐 펼쳐 진다.

5장

세상에서 가장 힘한 여행지

1
우리의 손으로 개발해야 하는 이유

〈북한 관광은 한반도의 미래이다.〉 북한에 대해 가장 보수적인 입장인『조선일보』의 주장이다.『조선일보』가 현대경제연구원과 서울대 통일평화연구원에 의뢰해 〈남북 통합 전후 관광객 증가 효과〉를 분석한 결과를 보면, 북한 인프라에 4조 원가량을 투자할 경우 남북한을 찾는 해외 관광객 수는 2014년 1천2백만여 명에서 2024년 최소 3천만 명, 최대 3천6백만 명에 이를 것으로 예측했다. 한반도가 통합 또는 통일된다는 것이 전제였는데, 외국인 관광객 수가 세 배로 늘어나고 관광 수입도 418억 달러에 이를 것이라고 예상했다.

하지만 현실은 초라하다. 북한의 관광 산업은 걸음마 수준이다. 조선중앙통신의 보도에 따르면 북한을 방문하는 서방 관광객은 2009년에 연간 2천 명 수준이던 것이

2014년에는 연간 5천 명 수준으로 늘어났을 뿐이었다. 관광 코스도 천편일률적이었다. 북한 여행기를 펴낸 외국 여행가들은 북한 여행에 대해 〈수도 평양, 오래된 도시 개성, 판문점과 휴전선 일대, 묘향산 국제친선전람관, 원산의 동해 바다, 청진과 나선 경제특구를 도는 패턴화된 여행〉이라고 말한다.

〈황금알을 낳는 거위〉라는 북한 관광의 현주소를 보자. 남한이라는 주연이 빠진 자리를 중국이 차지하고 있다. 북한에 관광 인프라를 구축하는 돈을 대는 사람도 중국인이고, 북한 여행의 주축도 중국 유커이다. 전영선 건국대 통일인문학과 연구교수는 유희장, 수영장 건설 등 북한 정권 이름으로 진행되는 건설 사업들이 실제로는 중국 자본의 투자로 진행되고 있다고 밝혔다.

관광 아이템은 대부분 서구인들이 개발하고 있다. 백두고원 트래킹 여행을 뉴질랜드인 로저 셰퍼드가 개발했듯이 파도타기 관광, 사이클링 관광, 오래된 비행기 관광 등 관광 아이템이 서구인들의 취향에 맞춰 기획되고 있다. 고려투어, 주체트래블Juche Travel Services 등 외국인이 외국인을 대상으로 하는 북한 여행사가 활발하게 활동하고 있다.

관광은 대표적인 협력 사업이다. 어느 한쪽의 방식대로

하면 성장하지 못한다. 서로 맞춰 가면서 만들어야 한다. 그럼으로써 남북 협력의 경험을 쌓을 수 있다. 현대아산 금 강산 총소장을 역임한 심상진 경기대 교수는 금강산 관광 초기 일화 중 이런 이야기를 들려주었다.

생각지도 못한 문제가 있었다. 통상적으로 배 앞쪽에 는 기항지 국가의 깃발을 달고 뒤쪽에는 자국의 깃발을 다는 것이 관례다. 그러다 보니 남한 내에서 북한 인공 기를 다는 것도, 북한 내에서 태극기를 다는 것도 어려 운 문제였다. 고심 끝에 생각해 낸 해법은 바로 한반도기 였다. 그렇게 금강산으로 향하는 배에는 한반도기가 달 렸다.

북한 관광의 문제는 수요자 논리가 아니라 공급자 논리 로 운영되었다는 점이다. 북한의 주요 관광 자원은 크게 세 가지다. 혁명 자원, 경관 자원, 문화 자원. 이 중 무엇이 가 장 중요시되었을까? 그렇다. 혁명 자원이다. 그들은 관광 산업이라는 밥상에 체제 선전이라는 숟가락을 얹었다. 북 한을 방문하는 관광객들은 좋든 싫든 몇 개의 혁명 관련 관 광지를 순례해야 했다. 이런 식의 관광이 매력을 갖기는 힘들다.

관광업은 철저하게 수요자 중심 시장이다. 제주도지사
가 제주도의 관광 자원으로 꼽는 열 가지와 20대 여성이 제
주를 찾는 이유를 비교한다면 몇 가지나 겹칠까? 거의 겹
치지 않을 가능성이 크다. 우연히 들렀던 게스트하우스의
한적함, 석양 무렵 산책을 나가서 보았던 제주 바다의 노
을, 그리고 돌아오는 길에 들려왔던 산새의 울음과 살갗을
간지럽히는 산들바람이 그들에게는 제주도의 관광 자원일
수 있다.

관광 자원을 개발할 때는 미래를 보는 눈이 필요하다. 철
도 노선을 기준으로 한국과 일본을 비교한다면, 모세 혈관
이 없는 나라와 있는 나라로 표현할 수 있을 것이다. 안타
깝게도 모세 혈관이 없는 쪽이 한국이다. 일본은 어떻게든
오지 지선을 유지한다. 반면에 한국은 특히, 지자체는 이용
자가 적은 철도 노선을 레일 바이크로 바꾸는 데 열심이다.

철도역을 기준으로 한국과 일본을 비교한다면, 한국은
철도역을 다른 용도로 바꾼 것을 자랑하고, 일본은 역사를
허물어 무인역으로 만들어 유지시킨 것을 자랑한다. 한국
의 폐역은 박제되어 추억을 판다. 일본의 무인역은 철도 고
유의 기능을 판다. 무인역이지만 여전히 기차역으로 기능

하기 때문이다. 일본 오지에 가면 이런 무인역을 무시로 볼수 있고, 나름 관광 명소가 된 곳도 적지 않다.

마지막으로 철도의 재활용 측면에서 한국과 일본을 비교한다면, 한국은 레일 바이크 등 레저 시설로 설치한 것을 자랑하고, 일본은 관광 열차를 만들어 다시 기차가 달리는 것을 자랑한다. 철도 노선을 없애면 한국은 공식처럼 레일 바이크를 만든다(요즘은 산책로를 만들기도 한다). 최초의 레일 바이크는 신선했지만 이제는 벽화 마을처럼 안이한 지역 재생의 클리셰(진부하거나 틀에 박힌 생각)가 되었다. 그런데도 이런 포기를 혁신이라고 포장하는 곳이 없지 않다.

일본은 과거의 역할을 살리지는 못하더라도 기차를 달리게 하는 데 주목한다. 특히 목재 운송용 협궤를 적극 활용한다. 일본 전통의 편백 숲을 보존한 아카사와 숲은 예전에 편백나무를 실어 나르던 협궤를 관광 열차로 활용한다. 구로베 댐을 건설할 때 자재를 나르던 도록코 협궤 열차 역시 관광 열차로 바뀌어 협곡 사이로 사람들을 나른다. 기존 협궤를 사용하지 않고 산책로로 활용하는 야쿠시마 산림철도 같은 곳도 있지만, 대부분 기차를 다니게 한다.

두 나라 모두 나름의 일관성이 있다. 일장일단이 있겠지만 전국에 우후죽순으로 레일 바이크가 등장하는 것이 과연 올바른 방향인지 의문이 든다. 우리가 철도의 효용과 경제성만 남기고 모든 것을 버릴 때, 일본은 철도가 할 수 있는 작은 기능을 악착같이 살려 냈다. 의미를 되살리고 고유의 기능을 살려 내는 모습에서 일본 특유의 장인 정신이 엿보인다. 이러한 한국과 일본의 철도 문화 차이는 북한의 노후 철도를 어떻게 할 것인가를 놓고 토론할 때 반드시 마주치게 될 질문이다. 깊이 있는 고민이 필요한 지점이다.

2
프라다도 인정한 힙스터들의 도시, 평양

젊은 세대에게 북한은 어떤 여행지일까? 팝 아티스트 강영민 작가는 북한을 〈힙스터 나라〉로 재해석하며 이렇게 주장했다.

주체적으로 딴 길을 걸었던 북한이 힙스터들의 최애 템(최고로 애정하는 아이템)이 되었다. 주류 문화에 거리를 두고 반(反)문화를 즐기는 힙스터들에게 〈나는 당신들이 바라는 방식으로 변화하지 않겠다〉고 국가적으로 선언한 북한은 매력적인 여행지다.

전적으로 동의한다. 북한은 힙하다. 럭셔리 브랜드 프라다는 그것을 브랜드 이미지 구축에 활용했다. 2003년 뉴욕 소호 거리에 갔을 때 가장 인상적이었던 것은 프라다 안테나숍이었다. 맨해튼을 북서쪽에서 동남쪽으로 가로지르는 브로드웨이와 프린스 거리가 만나는 소호의 심장부에 위치한 프라다의 안테나숍은 구겐하임 미술관의 소호 분관을 개조한 곳이었다. 프라다 본사는 프라다의 이미지를 구축하는 데 주안점을 두었다. 프라다의 창의성이 집결된 이 매장은, 그 자체가 다양한 설치 미술 작품의 집결체로서 현지 예술가들로부터 웬만한 갤러리보다 낫다는 평가를 받고 있었다.

2001년 말 완공된 이 안테나숍은 개조 공사와 실내 인테리어에 2천만 달러가 넘게 들었다. 특히 이 매장은 램 쿨하스와 메트로폴리탄 건축 사무소 등 당대 최고의 건축가들이 공동 설계하면서 많은 관심을 모았다. 메트로폴리탄 건축 사무소에서도 가장 창의적이라는 평가를 받고 있는 AMO 팀은 구매자가 자신의 전신 모습을 다양한 방향에서 감상하고 어울리는 옷을 시뮬레이션으로 고를 수 있도록 최첨단 디지털 장비를 동원했다.

시즌마다 내부 인테리어에 변화를 주는 이 매장의 인테리어가 내가 방문하기 얼마 전에 바뀌었다. 우리에게 무척 낯익은 모습이었다. 바뀐 매장의 콘셉트가 바로 〈조선민주주의인민공화국〉이었기 때문이다. 매장 내벽에는 북한 여성들의 카드 섹션 장면을 찍은 거대한 사진이 장식되고, 곳곳에 인민군 사진이 걸려 있었다. 마네킹들은 사열하는 인민군 사병처럼 도열해 있었다.

프라다는 합리적이고 실용적인 뉴요커들에게 가장 사랑받는 브랜드 중 하나이다. 검은색을 바탕으로 한, 평범함 속에 고급스러움을 추구하는 프라다의 미학이 실용적인 뉴요커들의 라이프 스타일과 잘 맞았기 때문이다. 프라다 뉴욕 안테나숍의 새로운 인테리어는 단순하고 소박한 아름다움을 추구하는 프라다의 미니멀리즘과 간결한 메시지의 사회주의 선전 선동술이 절묘하게 맞아떨어진다는 것을 보여 준다.

프라다는 단지 패션적인 면만을 고려해서 조선민주주의인민공화국을 뉴욕 안테나숍의 주요 콘셉트로 잡았을까? 그 배경을 알기 위해서는 먼저 프라다 제국을 이끌고 있는 미우치아 프라다에 대해서 알아볼 필요가 있다. 창업주 마리오 프라다의 손녀인 미우치아 프라다는 가내 수공업 수준에 머물렀던 프라다를 세계적인 패션 제국으로 이끈 주인공이다. 그녀의 히스토리를 들여다보면 이 의문을 풀 수 있다.

정치학 박사 출신인 미우치아 프라다는 대학 시절 사회

주의당에 몸담기도 했던 급진 좌파 성향의 학생이었다. 한때 여성 운동에도 투신했던 미우치아는 창업주인 할아버지가 세상을 떠난 후 침체 일로를 걷던 가업을 부흥시키기 위해 1978년 스물여덟 살의 나이로 경영 일선에 뛰어들었다. 전문 디자이너 수업을 받지 않은 그녀는 〈콘셉터〉로서 디자인 아이디어를 제시하며 프라다의 콘셉트를 명확히 했다. 겉으로 화려하지 않으면서 실용적이고 두고두고 편하게 입을 수 있는 옷, 프라다는 거품 경기가 꺼진 후 실용적인 패션에 눈을 돌리던 여성들의 시선을 붙들었다.

미우치아 프라다가 뉴욕 안테나숍의 주요 콘셉트를 조선민주주의인민공화국으로 설정한 것은, 당시 좌경화하고 있는 뉴요커의 의식을 반영했다고도 볼 수 있다. 뉴욕은 9·11 사태 이후 〈반(反)부시 감정〉이 팽배했다. 뉴요커들에게 부시 대통령은 〈이디엇〉(멍청이) 그 이상도 그 이하도 아니었다. 지역 특성에 맞게 이미지 숍을 만든다는 구상을 가지고 있던 미우치아 프라다가 뉴요커들의 이런 성향을 읽고 부시가 〈깡패 국가〉로 지목한 북한을 매장의 주요 콘셉트로 도입한 것으로 보였다.

언젠가 북미 관계가 개선되면 프라다가 북한 인민군 제복을 디자인해 줄 날이 올지도 모르겠다. 프라다와 군복은

낯설지 않다. 프라다를 세계적 브랜드로 이끌어 준 소재인 〈포코노 나일론〉은 미우치아가 버려진 군용 물품 공장에서 찾아낸 것이었다. 어쩌면 프라다는 이미 인민군 제복을 디자인해 보았을지 모른다. 거기서 비롯된 몇 개의 패턴을 옷의 디자인에 응용했을 수도 있다.

힙합은 이미 와 있다. 다만 널리 퍼지지 않았을 뿐이다. 프라다가 군용 물품에서 소재를 찾고 조선민주주의인민공화국에서 영감을 받았듯이, 여행을 디자인할 때도 기존에 있는 것 중에서 절묘한 것을 뽑아낼 수 있다. 중요한 것은 그것을 치장하는 능력이 아니라 알아보고 뽑아내는 능력이다. 부시가 북한을 〈악의 축〉이라고 공격할 때, 그 악의 축에서 콘셉트의 축을 뽑아낸 프라다처럼 말이다.

힙스터들을 위한 평양 여행법을 소개한다. 맨 먼저 추천하고 싶은 곳은 『워싱턴 포스트』가 〈평해튼(평양+맨해튼)〉으로 소개한 여명 거리다. 북한은 금수산태양궁전부터 용흥 사거리까지 이어지는 3킬로미터 구간에 초고층 〈살림집〉을 집중 건축했다. 여명 거리를 걷는다면 드라마 「사랑의 불시착」에 나오는 서단 모녀 같은 여성들을 발견할지도 모르겠다.

문수물놀이공원도 평양의 힙스터 명소로 유망하다. 이

곳의 특징은 〈올 인클루시브〉라는 점이다. 몸만 가면 된다. 10달러만 내면 수영복을 비롯해 비누, 샴푸, 린스, 타월 등을 모두 제공한다. 단순히 수영장만 있는 것이 아니라 파도타기, 롤러코스터 미끄럼틀, 보트로 물줄기 떠내려가기 등 다양한 워터 파크 시설을 이용할 수 있다. 〈개성청년공연〉 역시 워터 파크 시설이 갖춰진 것으로 알려져 있다.

〈능수버들이 물결 위에 비단을 풀어 놓은 듯하다〉라는 의미의 고전적인 이름을 가지고 있는 능라도(綾羅島)와 〈양쪽으로 뾰족한 양뿔 모양의 섬〉이라는 심심한 뜻을 가진 양각도(羊角島)는 떠오르는 대동강의 명소이다. 능라도에는 최근 돌고래 쇼장, 놀이공원, 해수 수영장과 수족관 등이 구축되었다. 카지노가 있는 양각도호텔이 양뿔의 한쪽 끝을 담당하고 있는 양각도에는 체육촌, 골프장, 스포츠센터가 있다. 힙스터를 위한 능라도 풀 파티와 양각도 록 페스티벌은 어떨까?

평양을 방문하는 힙스터에게 던지고 싶은 미션이 있다. 바로 〈대동강을 따라 자전거 타고 주체탑 옆을 지나다 관광객에게 사진 찍히기〉이다. 이곳은 평양의 대표적인 사진 명소이다. 주체탑 옆에서 사진을 찍으면 멀리 인민대학습당과 대동강을 배경으로 자전거를 타는 사람도 나온다. 역으로 이 사진에 찍힐 수 있도록 자전거를 탄다면 평양 힙스터 여행을 완성할 수 있을 것이다. 북한에서 자전거 여행이 가능한 곳은 평양의 대동강, 원산의 울림폭포 등이다.

앞에서 소개한 경흥맥주집은 힙스터들이 방문해야 할 평양의 성지와 같은 곳이다. 매일 공급되는 대동강맥주와 생맥주를 마실 수 있는 곳인데, 말 그대로 선술집이다. 의자도 없이 서서 간단한 과자류와 함께 맥주를 즐기는 곳이다. 평범한 평양 시민과 어울려서 생맥주 잔을 들 수 있는 이곳은 맥덕(맥주를 열성적으로 좋아하는 사람)이 아니더라도 한 번쯤 가봐야 할 곳이다.

아예 김일성광장에서 대동강맥주로 치맥 파티를 해보면 어떨까? 북한 국가관광총국에서 나에게 평양 관광 개발을 의뢰한다면 가장 해보고 싶은 아이템이다. 불가능한 일도 아니다. 북한은 새해 첫날 김일성광장을 해돋이 관광지로 제공하기도 했다. 참고로 평양에서는 매년 8월 대동강 유람선 등지에서 〈평양 맥주 축제〉가 열리는데, 이때 도모하면 어떨까? 김일성광장 바닥은 사열식 때 줄을 맞추기 위해 온갖 표식이 되어 있다. 맥주 테이블을 줄맞춰 놓기에도 좋다.

3
북한을 더 나은 곳으로 만드는 여행,
업 트레블링

여러 여행 중에 북한에 도움이 되는 여행이 있다. 바로 산
림 복구 여행이다. 지금 바로 할 수 있다. 휴전선 인근에 양
묘장을 조성하면 된다. 나무는 묘목을 기르는 데 시간이 필
요하다. 지금부터 육성해서 남북 교류가 재개되면 그때 옮
겨 심으면 된다. 내가 기른 묘목을 옮겨 심고 싶은 북한의
산을 미리 설정하고 길러 보자.

이런 북한의 산림 복구 여행은 〈업 트레블링〉(여행지를
여행 가기 전보다 더 나은 곳으로 만들고 오는 여행)의 좋은
사례가 될 수 있다. 북한의 산림 복원을 희망하는 사람들로
부터 성금을 모아 미리 양묘장을 만들어, 여행을 갈 때 이
를 북한의 황폐한 산림에 이식하고 온다면 뜻깊은 여행이
될 것이다.

2018년 남북정상회담이 시작되었을 때 북한이 가장 먼

저 요청한 것은 산림 복원이었다. 2018년 11월 방남한 송명철 조선아시아태평양평화위원회 부실장은 〈물고기보다 낚시 도구와 배를 지원해 달라. 양묘장을 많이 만들었으면 한다〉라며 남측에 양묘장 지원을 부탁했다.

김정은 국무위원장도 북한 산림 훼손의 심각성에 대해 알고 있다. 당과 군에 〈산림 복구 전투〉 총동원령을 내린 그는 매년 양묘장을 방문해 산림 복구를 독려했다. 2017년에는 김일성종합대학에 산림과학대학을 설치하기도 했다. 2019년 신년사에서도 김 위원장은 〈산림 복구 전투 2단계 과업을 적극 추진하며 원림 녹화와 환경 오염을 막아야 한다〉고 강조했다.

북한 산림이 황폐해진 원인은 크게 네 가지다. 우선 땔감이 부족해 나무를 마구 베어 썼다. 다락밭(계단밭)과 뙈기밭을 조성하며 무리하게 산지를 개간한 것도 영향을 미쳤다. 솔잎혹파리, 소나무재선충병 등 산림 병해충으로 여의도 면적의 3백 배에 해당하는 25만 헥타르가 사라졌다. 화전을 일구는 과정에서 산불이 자주 나는데, 진압 장비가 부족해 큰불로 번지는 경우가 많아서 연간 4천 헥타르의 숲이 재로 사라지고 있다.

남북의 산림 사정은 1970년대를 기점으로 갈렸다. 당시 북한에 비해 임목 축적량이 3분의 1 수준이었던 남한이 지금은 배 이상 많다. 남한은 지난 50여 년 동안 산림 자원이 약 15배 증가했다. 이런 축적된 산림녹화 역량을 바탕으로 산림청은 남북 산림 협력에 나섰다. 산림청은 일단 평양과 개성, 고성을 잇는 삼각형을 그리고, 이 지역을 〈숲의 삼각 지대〉로 복구할 예정이다. 인구가 밀집한 이곳이 대표적인 산림 훼손 지역이기 때문이다.

산림청이 북쪽에 육성하려는 숲은 크게 세 종류이다. 경제림과 유실수림, 그리고 연료림을 현지 사정에 맞춰 조성할 계획이다. 이런 숲을 만들기 위해 양묘장이 필요한데, 북한의 노후 양묘장을 온실 중심의 시설 양묘장으로 개선한다는 것이 골자다. 나무는 심고 나서 관리도 중요한데 산불, 산사태, 산림 병해충에 공동 대응할 수 있는 시스템을 구축하려는 것이다.

미래 세대를 위해 북한의 원시림 등 자연 생태계 보호 활동도 절실하다. 북한은 백두산과 개마고원, 오가산, 낭림산, 관모봉, 경성을 자연보호구로 지정했다. 산림청은 이 지역 원시림을 잘 보존해 생태구로 만들 예정이다. 그리고 우리 국토의 상징인 백두대간이 한반도 핵심 생태축이 될 수 있도록 마루금 등 훼손 구간을 복원한다는 구상이다. 이후 남과 북은 백두대간을 유네스코 세계복합유산에 등재할 예정이다.

산림 전문가들은 〈적지적소〉를 응용한 〈적지적수(適地適樹)〉라는 개념을 쓴다. 땅의 토질에 맞게, 기후에 맞게, 산의 방향에 맞게, 사면의 각도에 맞게, 사용자의 필요에 맞게 나무를 심어야 한다는 것이다. 경사지는 사방 공사를 하고 산사태에 강한 수종을 심어야 한다. 강가에는 둑을 쌓고 보완림을 조성하며, 해안가에는 해풍을 막을 방풍림을 조성해야 한다. 식수원이나 용수로 쓰이는 강 주변 산은 수원 함량이 좋은 수종을 심어야 하고, 양봉 농가가 많은 곳은 밀원 식물을 심어야 한다.

수종을 고를 때는 미래 예측도 어느 정도 해야 한다. 산림청은 북한에 경제림, 유실수림, 연료림을 주로 조성할 예정이라고 밝혔다. 지금 시점에는 북한의 연료 사정이 좋지 않아 연료림이 절실하다. 앞으로 북한 지역의 무연탄 생산량이 늘어나거나, 러시아에서 송유관을 통해 석유나 천연가스를 들여오게 되면 연료림 수요가 줄어들 것이다. 경제림을 조성할 때도 여러 가지를 감안해야 한다. 유실수가 충분히 자랄 때까지 기다리지 않고 북한 주민들이 베어서 땔감으로 쓸 수도 있기 때문이다. 유실수는 농약 방제를 자

205   **5장 세상에서 가장 힙한 여행지**

주 해주어야 하는데, 이런 농약을 확보할 수 있느냐도 관건이다.

나무는 심는 만큼 관리도 중요하다. 지원 사업으로 심은 숲은 관리가 되지 않아 망가지는 경우가 많다. 지원 사업을 할 때 대부분 나무 심는 비용만 생각하고 관리 비용은 감안하지 않기 때문이다. 기업들이 숲 가꾸기를 후원할 때는 보통 10년을 상정한다. 하지만 나무가 자라는 속도는 더디다. 숲은 10년이 지나도 크게 변하지 않는다. 산림녹화를 할 때는 50~100년 단위의 계획이 필요하다.

산림녹화를 할 때 미래를 본다면 요즘 세대가 산림을 활용하는 방식에 주목할 필요가 있다. 산림을 만든 세대와 산림을 활용하는 세대가 다르기 때문이다. 이전 세대는 조림의 관점에서 접근하지만, 지금 세대는 산림을 이용하는 측면에서 접근한다. 트래킹 인구가 많은 요즘은 〈걷기 좋은 숲길〉이 각광을 받는다. 이런 점은 북한 숲을 조성할 때 염두에 둘 필요가 있다. 산림청은 남북 산림 협력에 다양한 상상력이 필요하다며 〈남북 산림 협력 청년 활동가 캠프〉를 열기도 했다.

남북 산림 협력을 할 때 북한을 일방적으로 돕는 방식이 아닌 상호 교류의 방식으로 하자는 아이디어도 나온다. 이

정민 평화의숲 사무국장은 〈한라산 정상부에 구상나무 군락지가 있다. 그런데 지구 온난화로 나무가 죽어 가고 있다. 춥고 고도가 높은 곳으로 대체지를 확보해야 하는데 못 찾고 있다. 백두산이 적소가 될 수도 있다. 이런 식으로 남북이 서로 식물 유전 자원을 나눌 필요가 있다〉라는 제안을 했다.

민간단체들의 대북 산림 지원 활동은 2010년 5·24 대북 조치 이후 대부분 중단되었다. 2008년 7월 금강산 관광객 총격 사망 사건 이후 남북 교류가 제한되었는데, 산림 협력은 어느 정도 명맥을 유지했다. 하지만 천안함 사건 이후 내려진 5·24 조치의 벽을 넘지는 못했다. 남북 산림 협력은 긴 안목으로 접근해야 한다고 산림 전문가들은 주장한다. 지금 세운 목표가 1백 년 후에도 유효할지 냉정하게 따져 봐야 한다는 것이다.

4
크루즈선으로 만끽하는 북한의 바다, 아직은 상상

남북한 정상이 판문점에서 만나고 남북 교류에 관해 다양한 상상력이 발휘되었을 때, 그 중심에는 철도가 있었다. 열차를 타고 김정은 위원장처럼 베트남도 갈 수 있고, 유럽으로도 갈 수 있는 시대가 곧 열린다는 기대감이 〈유라시아 상상력〉으로 이어졌다. 반면에 해운을 통한 〈환동해 상상력〉은 그만큼 발휘되지 않았다. 철도로 연결되는 것처럼 동해권이 크루즈로 연결될 수 있는데 말이다.

크루즈로 연결되는 환동해 상상력을 한번 발휘해 보자. 이미 우리는 금강산 관광 때 크루즈 여행을 경험한 바 있다. 그것이 점과 점을 잇는 단편 영화였다면, 이제 여러 곳을 잇는 장편 영화 격의 크루즈 여행을 상상해 볼 수 있다. 원산, 김책, 청진, 나진 등 북한의 항구들이 개방되고 여기에 우리의 부산항, 동해항, 속초항, 러시아의 블라디보스토크

항, 사할린항, 일본의 니가타항, 오타루항 등이 유기적으로 네트워킹된다면 발트해 경제권 이상의 〈환동해 경제권〉이 구축될 수 있을 것이다.

발트해의 항구 도시는 자국의 수출입 화물 위주로 처리하는 항구와 통과 화물을 처리하는 항구로 구분된다. 폴란드의 그단스크, 덴마크의 코펜하겐, 스웨덴의 스톡홀름, 핀란드의 헬싱키는 전자다. 러시아의 페테르부르크, 에스토니아의 탈린, 라트비아의 리가, 리투아니아의 클라이페다는 후자다. 중국 동북 3성의 경제적 비중이 커지는 상황에서 우리는 후자의 모형을 참고해 환동해 경제권을 구상할 필요가 있을 것이다.

주변국과 관광 산업 연계도 얼마든지 가능하다. 예를 들면 원산은 크루즈 기항지로도 각광받는다. 세계적인 크루즈 회사들이 한국을 잠재력 있는 시장으로 보는 이유는 제주와 부산 등 이미 검증된 기항지가 있고, 아시아 크루즈 산업이 비약적으로 발전하는 가운데 중국이라는 큰 시장이 옆에 있기 때문이다. 그동안 북한이 개방을 하지 않아 이가 빠진 상황이었는데, 원산항이 열리면 부산-원산-블라디보스토크-일본으로 이어지는 크루즈 루트가 완성된다.

환동해 경제권이 살아나면 북한 동해안 도시에 활력이 더해지는 것과 더불어 러시아도 극동 개발에 박차를 가할 수 있고, 북송선이 출발하던 니가타항도 다시 옛 번영을 누릴 수 있다. 러시아 극동 지역과 일본 홋카이도 지역의 모피 무역이 이루어지던 원시 환동해 교역로도 복원되고, 홋카이도 아이누족과 사할린 한국인 동포 사회 등 마이너리티 문화도 재조명될 수 있다. 경제사는 물론 문화사적으로도 큰 의미가 있다.

자, 이제 상상력을 발휘해 보자. 일단 부산은 접경 도시다. 우리의 상상력은 이 언명(言明)에서 출발한다. 남북 교류 시대에 부산은 유라시아로 가는 길의 출발점이다. 지금까지 부산은 서울에서 출발한 경부선과 경부 고속 도로의 종착점이었다. 하지만 앞으로는 북한으로, 중국 동북 3성으로, 러시아 시베리아로, 그 넘어 유럽으로 가는 길의 출발점이다.

북한의 동해안에는 명승지가 몰려 있다. 관동 8경 중 통천의 총석정, 고성의 삼일포가 북한 지역에 있다. 원산의 송도원과 갈마반도의 명사십리 해수욕장은 일제 강점기 시절부터 이름난 휴양지였다. 칠보산과 청진, 그리고 나진은 평양에서 육상 교통으로 접근하기 어려운 도시이지만 해운을 통해 수월하게 접근할 수 있다.

환동해 크루즈가 운항된다면 북한의 주요 기항지는 원산항이 될 것이다. 원산은 1914년 서울-원산을 잇는 경원선이 개통되면서 각광받았는데, 명사십리에는 서양 선교사를 위한 해수욕장이, 송도원에는 일반인을 위한 해수욕장이 들어섰다. 근대 문학가들도 이곳을 다녀간 뒤 찬사를 보냈다. 소설가 현상윤은 〈규모로 보나 욕객 수로 보나 전 북한을 통틀어 제일 좋은 해수욕장〉이라고 묘사했고, 소설가 김동인도 〈물로 첨벙 뛰어들었고, 물은 소리를 치면서 환영했다. 이것은 젊음이라고밖에는 형용할 수 없는 힘이다. 해수욕장은 젊음의 상징이다〉라고 찬양했다.

북한은 원산에 송도원국제휴양소를 설치하고 외국인 관광객을 받았다. 김정은 국무위원장의 구상은 더 크다. 원산갈마지구에 마식령스키장까지 더해서 세계적인 마이스(MICE, 부가가치가 큰 복합 전시 사업) 중심지를 구축하려고 한다. 매년 신년사를 할 때마다 삼지연지구와 함께 이곳의 공사 진척 상황을 챙기는데, 공사가 마무리 국면이다. 자료 사진을 보면 김정은 위원장이 원산에 오기 위해 만들었던 원산공항과 바다 사이에 조성되고 있음을 알 수 있다.

현대아산에서 금강산 관광을 총괄했던 심상진 경기대

교수는 쿠바처럼 북한도 관광이 주력 산업이 될 것이라고 예상했다. 그는 〈관광은 노동 집약적 산업으로 여타 산업과 비교하여 물리적 인프라를 구축하는 비용도 상대적으로 적게 든다. 북한은 개방 후 관광 산업에 집중할 수밖에 없다〉라고 말했다. 북한과 쿠바는 닮은 점이 많다. 문화와 예술을 중요시하는 국가라는 점도 비슷하다. 숙박 인프라가 부실한 북한이 쿠바식 카사를 민박으로 응용할 수도 있을 것이다.

이처럼 환동해 크루즈를 계기로 다양한 상상력을 발휘할 수 있다. 과거의 바다에 대한 고찰은 미래의 바다에 대한 상상력에 영향을 준다. 선사 시대 이래 북한 동해의 바닷길과 고구려와 발해의 일본 항로는 앞으로 북한이 개방했을 때 환동해 경제권의 물류가 어떻게 이동할지 이해할 수 있는 실마리를 제공한다. 고구려와 발해의 일본 항로는 니가타와 청진을 오가던 북송선 항로와도 대체로 비슷하고, 기항지는 북한이 경제특구로 설정한 나진 선봉지구와도 인접해 있다.

김정은 위원장은 2019년 신년사에서 백두산 삼지연지구와 함께 원산갈마지구의 관광 자원 개발에 큰 관심을 가지고 있다고 밝혔다. 경제가 봉쇄된 상황에서 관광으로 외화를 획득하는 쿠바식 모형을 도모할 것으로 보인다. 그래서 무엇보다 숙박 인프라 구축에 역점을 두고 있다. 아직은 상상이지만, 크루즈선이 동해를 누비는 시절이 하루 빨리 오기를 고대한다. 그리하여 저 야심차게 건설되는 관광 시설들을 우리 모두가 누릴 수 있기를 바란다.

참고문헌

- 게러스 모건·조앤 모건,『한반도를 달리다』, 이은별·이은샘 옮김, 넥서스 BOOKS, 2018
- 로저 셰퍼드·앤드루 도치,『백두대간 트레일Baekdu Daegan Trail』, 서울셀렉션, 2010
- 뤼디거 프랑크,『북한 여행』, 안인희 옮김, 한겨레출판, 2021
- 박원호,『북한의 도시를 미리 가봅니다』, 가람기획, 2019
- 신은미,『재미 동포 아줌마, 북한에 가다』. 네잎클로바, 2012
- 통일부 통일교육원,『북한 방문 길라잡이』, 통일부 통일교육원, 2008
- 트래비스 제퍼슨,『시-유 어게인 in 평양』, 최은경 옮김, 메디치미디어, 2019

지은이 **고재열** 어른의 여행클럽/트래블러스랩을 이끌고 있는 여행 감독. 고려대학교에서 신문방송학을 전공하고 『시사저널』과 『시사IN』에서 기자로 20년 동안 일했다. 현재 경기아트센터 이사와 서울시 공공조경가로 활동하고 있으며, 재미로재미연구소 소장을 맡고 있다.

여행과 여가의 미래를 상상하며 『생애. 전환. 학교』와 『촉 2022-2023』에 공저자로 참여했다.

손안의 통일 ⑫

미리 써본 북한 여행 기획서

발행일 2021년 12월 30일 초판 1쇄

지은이 고재열
발행인 홍예빈·홍유진
발행처 주식회사 열린책들

경기도 파주시 문발로 253 파주출판도시
전화 031-955-4000 팩스 031-955-4004
www.openbooks.co.kr

Copyright (C) 고재열, 2021, *Printed in Korea.*
ISBN 978-89-329-2196-9 04300 ISBN 978-89-329-1996-6 (세트)